我和父亲季羡林

季承　著

海峡出版发行集团 | 鹭江出版社
THE STRAITS PUBLISHING & DISTRIBUTING GROUP | LUJIANG PUBLISHING HOUSE

2016年·厦门

图书在版编目（CIP）数据

我和父亲季羡林 / 季承著 . —厦门：鹭江出版社，2016.6
ISBN 978-7-5459-1048-3

Ⅰ. ①我… Ⅱ. ①季… Ⅲ. ①季羡林（1911 ~ 2009）—回忆录 Ⅳ. ① K825. 4

中国版本图书馆 CIP 数据核字（2015）第 293680 号

WO HE FUQIN JIXIANLIN
我和父亲季羡林
季承 著

出版发行：海峡出版发行集团
鹭 江 出 版 社
地　　址：厦门市湖明路 22 号　　**邮政编码**：361004
印　　刷：北京市松源印刷有限公司
地　　址：北京市通州区漷县镇大柳树村北　　**邮政编码**：101112
开　　本：880mm × 1230mm　1/32
插　　页：2
印　　张：10
字　　数：195 千字
版　　次：2016 年 6 月第 1 版　2016 年 6 月第 1 次印刷
书　　号：ISBN 978-7-5459-1048-3
定　　价：39.80 元

季承和父亲在一起，摄于 2009 年护士节

浣溪沙　蘇東坡

遊蘄水清泉寺，寺臨蘭溪，溪水西流。

山下蘭芽短浸溪，松間沙路淨無泥，蕭蕭暮雨子規啼。誰道人生無再少？門前流水尚能西，休將白髮唱黃雞。

季羨林　在千書

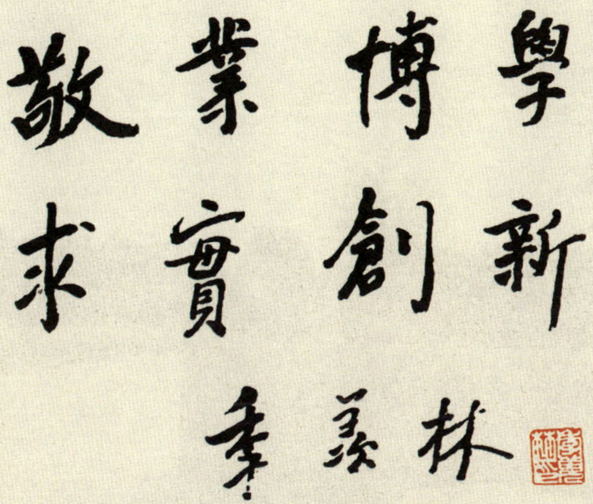

| 季羡林手迹

季羡林出生地清平县大官庄村

季羡林老家清平县大官庄村的故居

自左至右：父亲的意中人荷姐、母亲彭德华、母亲的朋友

从左至右：季承的女儿季清、叔祖母陈绍泽、母亲彭德华、父亲季羡林

大学期间的季承和家人（前排自左至右：季承的表弟常永德、季承的母亲；后排自左至右：季承、季承的姐姐婉如）

父亲在德国留学期间，家中寄给他的全家福（自左至右：二姑姑季惠林、叔祖父季嗣诚、姐姐婉如、季承、叔祖母陈绍泽、母亲彭德华）

叔祖母陈绍泽，父亲在德国留学期间，是她撑起了这个家

作者的母亲彭德华，季家又一位功劳巨大的女性

本书作者季承与父亲季羡林，摄于北大朗润园13公寓门前

三代同堂，摄于2008年冬（自左至右：父亲季羡林、季承的儿子季宏德、本书作者季承）

父亲季羡林和他最信任的秘书李铮

年轻时的伊姆加德，父亲在德国留学期间，是她打开了父亲的爱情之门

父亲和他的爱猫，父亲对它们细心呵护，宽大纵容

北大朗润园13公寓前，父亲亲手植的玉兰花

父亲故居北大朗润园13公寓前面的荷塘里的荷花，被周一良先生命名为“季荷”，父亲因此自诩要以荷相传

一直以来，大家都在关注我的父亲——季羡林先生。关注他的成长历程，关注他的事业成就，甚至关注他的感情生活。作为一位世纪老人，他的一生，算得上是传奇的一生。从一个善良质朴的农村少年，成为一位受人敬仰的大学者，其成功当然离不开他的家庭。不过，大家熟悉的可能只是父亲的学问，而对他的家庭以及他对自己的家庭是什么感受，并不太了解。对大家来说，季家是什么样的，季家的家庭对父亲来说意味着什么，等等，我相信，许多尊敬我父亲的人是十分关心的。

现在，不妨跟大家一起聊聊我们这一家的故事。

目　录 | CONTENTS

季家渊源

说起家，父亲曾在其一篇名为《回家》的散文中写道："什么叫家？以前没有研究过。现在忽然提了出来，仍然是答不上来。"其实，对于什么是家，众人心中都有一个概念，只不过不尽相同罢了。父亲，自然也不例外。

家是一个很古老的概念，甲骨文里就已经有了"家"这个字。可以肯定的是，在那个时候，中国社会已经有了家这个基本组成单位。至于家的准确概念和含义是什么，根据古人的解释，不外有两点：一是居住的地方，一是有家的主人——夫妇在。《说文》所言"家，居也"，强调的是居住的场所。《周礼·小司徒》所云"上地家七人"，其后有郑玄的注解："有夫有妇，然后为家。"家不仅是住处，还应该有夫妇在。延伸之，既有夫妇，必上有父母，下有子女，大家住在一起就叫作家。一个人单独住在一个地方，是不能称之为家的。所以，中国字里就有"家"和"居"之分，前者为家，后者不为家。

父亲也曾试着对家下定义，他说："家是比较长期居住的地方。"他这个定义，强调了居住场所，说的恐怕是他一个人住的地方。这显然和他长期一个人生活的经历有关。不过，对于像父亲这样到处为"家"的一个人，且容他把自己久居之处说成家。因为，一个人走到一地，寻一处房屋，居住下来，天长日久，视彼地为家，即便没有家人在身边，也还说得过去。四海为家，索群独居，只要有事业可为，那不是家又如何称谓呢？倘若真把自己的住所称为"居"，逢人便说"这是我的居处"，实在太过酸腐了。不过，父亲如此定义"家"，自有特殊因由，后文再叙。如此，顺着父亲的思路，他一生中自然要有好几个家了。

这里我说的"我们这一家"的故事，当然不会单指父亲一个人和他生活的居所，主要指父亲以及与我们有血缘关系、亲密交往的亲人。这个家，就是父亲从 6 岁开始，与之一起生活、成长直至晚年的我们这个家。

季家，是山东清平县（今临清市）王里长屯的大家族（过去一直误为五里长屯）。远祖系何人，来自何处，已无确切说法。一曰，系远古颛顼帝之孙陆终氏之子季连；另曰，春秋时鲁桓公之子季子友为季氏远祖；又曰，季氏可能源于周之八士之一的季随，等等。季氏属地大概在渤海郡，即今河北沧县一带；也有说山东、安徽的。

最近在山东省苍山县发现了四大册季氏家谱，据载，季文子是季氏家族的远祖，他的墓已经找到，县里还专门派人来京请父亲题写“季文子之墓”几个字。季文子就是春秋时鲁国正卿季孙行父，生年不详，卒于公元前568年。季文子执掌国政达33年之久，是一位极为廉洁的臣子。由此看来，季文子是季家远祖似乎更可靠。

山东清平季氏，到清朝末年即19世纪末我祖父那一辈，已经传到第九代。后来，我曾祖父兄弟二人，汝吉、秀吉，从王里长屯迁到附近的官庄。官庄的得名，因那里曾出过一位举人。祖父一辈共有亲兄弟三人，在季家十一个堂兄弟中分别排行七、九、十一。我的祖父排行第七，称七爷，名嗣廉；我的叔祖父名嗣诚，字怡陶、化斋，排行第九，称九爷；十一爷名号不详，都称呼他一叔，早年就送给了王里长屯姓刁的人家。大大爷、二大爷没有外出，三爷、四爷、五爷、六爷、八爷、十爷都下了关东，除八爷曾经到济南看望过九爷外，其余的几位都没有消息，不知所终。

八爷到济南看望叔祖父的时候，我还小，只记得他头上裹着一块白布巾，肩上挎着个白布包袱，进门就地磕头。他是从东北回老家路过济南的。那时老家的亲人，以为他在东北发了财，要他回去生活。殊不知，他没有发财，依然穷困。回家之后不久，便又回东北去了，以后也没了消息。他在济南的几天，给我讲了许多在东北深山老林打老虎、抓狗熊和挖人参的传奇故事，这倒使我印象深刻。他说，人参是活的，平常的样子像一个小孩，光着身子，穿一件红肚兜儿，在深山密林里到处行走，很难跟踪。一旦发现了人参，就要立刻在它的茎上拴上红头绳，并要高呼一声“棒槌”，否则它会立刻逃之夭夭，休想再找到。打老虎和抓狗熊，一般都是用挖陷阱的办法。做好陷阱也不容易，关键在于伪装，不让它们看出一丝破绽。上面要放上一只兔子之类的动物，最好是活的。陷阱里要装上机关，老虎或狗熊落入陷阱，如被机关卡住，事情就好办多了，否则要缚住它们，也是很困难的。我被他所讲的故事迷住了，很想跟他去东北大森林里挖人参、打老虎。

在老家官庄，我的祖父和叔祖父，同样由于贫困无法生活下去，被迫到济南谋生。查阅叔祖父留下来的诗歌，得知他生于1883年，但什么时候去的济南，不得而知，估计是20世纪之初，他二十几岁的时候。

祖父、叔祖父在济南究竟怎样奋斗，干了些什么营生，别说我，恐怕连我父亲也不清楚。只听说他们卖过苦力，拉过人力车，扛过大件，当过警察。后来，叔祖父考上了武备学堂。他虽然没有受过系统教育，但聪明过人，得以自学成才。他读过大量的古文典籍，能撰文、作诗、填词，还能治印，又写得一手好字，考武备学堂自然不成问题。父亲对我说过，叔祖父很精明，他娶了时任武备学堂教官的马某之女（我见过她的照片，相貌不算出众），这大概也是他得以进入学堂的原因之一。

山东武备学堂成立于1902年，学生虽然算行伍，毕业出来也可以担任文职，可以有稳定的饭碗。叔祖父学的是测绘专业，毕业后在黄河河务局谋了一个差事，比较称心。这时，祖父和叔祖父商量，由叔祖父在济南挣钱，他则回老家维持门户。我十来岁的时候，一次叔祖父高兴，跟我讲起了一件发生在 20 世纪初的事情。他由于不善奉承，且自恃有文化和技术，在河务局和上司相处不太融洽，很快失掉了工作。之后，便流落到东北一位朋友家。工作无着，闲着无聊，身上花得只剩下几块大洋。有一天，他去街上闲逛，走到该城南门外，见一家杂货店在售彩票，是为赈济湖北水灾而发行的（可能是 1909 年的湖北彩票）。他豁出去了，用一半的钱买了两张彩票。过了几天，他又去街上闲逛，看见那家杂货店挂出了大字横幅，上面写着“本店售出头彩”几个大字。中奖的号码就写在底下。这时，他想起了几天前买的彩票，急忙回去拿来核对，只见其中一张的号码似乎与头彩号码相似。他沉下心仔细核对，结果让他不敢相信自己的眼睛——千真万确，他的那张彩票中了头彩！头彩是五千大洋！没过几天，就有人推着独轮车将五千大洋送到了他寄住的朋友家。

消息不胫而走，很快便有许多朋友前来贺喜，难于应付。贺喜者络绎不绝，借钱的人也越来越多。没多久，叔祖父的钱便消耗了许多。而且，巨款放在朋友家也很不安全。叔祖父见大事不妙，便酬谢了朋友，将钱汇往济南，自己也回济南去了。

当时叔祖父在济南还没有家，发财回到济南后，仍到黄河河务局工作。1919 年，便和马教官家的姑娘巧卿结了婚。他租的就是马家的房子，地点在济南南关佛山街中段柴火市对面，与姓彭的人家住前后院。叔祖父和夫人生了一个女儿，取名素秋，又称秋妹，以后随家谱改名惠林。叔祖父把一部分钱寄回老家，让他的哥哥即我的亲祖父，在老家建房置地，建立“后方基地”，准备振兴季氏家族，延续季家血脉。

关于我祖父在老家的所作所为，父亲在他的《灰色的童年》里有比较隐讳的叙述：“他用荒唐离奇的价钱，买了砖瓦，盖了房子。又用荒唐离奇的价钱，置了一块带一口水井的田地……又用荒唐离奇的方式……招待四方朋友。”价钱究竟怎么个“荒唐离奇”法呢？据叔祖父和父亲说，因为有了钱，祖父执意要盖砖瓦房。要知道，在鲁西平原黄河泛区的官庄，虽然当地的土质是黏性土壤，适合烧砖造瓦，但当时砖瓦的价钱仍然是很高的。祖父要盖一座气派的四合院，东西南北四房各五间，砖瓦很难买到。于是，他就出大价钱引诱别人拆掉自家房子，将砖瓦卖给他。价钱究竟有多高，无从考查，但肯定不低。此外，他招待朋友的方式也很离奇。他要显示自己有钱，便常走到集上，在饭馆里宣布：“今天在座各位尽情吃喝，饭钱、酒钱，都包在咱季七爷身上啦！”真是一派暴发户加山东好汉的气派。后来，他又染上了赌博的恶习，输钱自不必说。在济南的叔祖父，鞭长莫及，管不了他。没过多久，房子建起来了，但叔祖父寄回去的钱也让祖父挥霍完了。接着，为了摆阔和赌博，他就掉过头来拆自己的房子，卖砖卖瓦，卖地，最后只剩下一座西屋矗立在原地。祖父又回到了往日一贫如洗的生活。1911 年，父亲出生了。父亲的小名起先叫喜儿，过了十天，因为城里的秋妹降生，便将小名改成了双喜。后来又有两个妹妹出生，就是昵称香妹的大妹妹和名字叫淑林的小妹妹。大妹妹压根儿就没有起名，一直叫香妹。

叔祖父在济南有了家，可是这个家没有男孩，只有秋妹一个女孩儿。那时，我父亲正在家乡的黄土地里玩耍。1917 年，父亲满 6 岁的时候，叔祖父和祖父商量，把父亲从家乡接到济南，为的是让季家独苗男孩好好读书，传承子嗣。祖父哥俩想出了一个两全其美的办法：给我父亲娶两房媳妇，农村一房，城里一房。在农村的媳妇生的孩子（最好是男孩）归祖父，城里媳妇生的孩子（更希望是男孩）归叔祖父。这样，父亲就坐着驴车被祖父送到了济南城里。于是，济南叔祖父家就有了四口人：叔祖父母、女儿季惠林和我父亲。后来，父亲的小妹妹季淑林也来到济南，就成了一个五口之家。香妹没有进城，一直在农村生活，后来嫁到善董庄董家。

父亲在城里读书、成长。他对到济南直到去德国留学的这段时期的生活，有许多叙述，我不再赘述。值得说一说的是，这段时期的生活，给幼年的父亲情感上以深刻的影响，甚至影响终身。当懵懵懂懂来到山东省首府济南的时候，他感觉到了天堂，他的生活也发生了巨大变化。以前梦寐以求的、视为龙肝凤髓的白面馒头，即所谓“白的”，要吃自然不成问题，衣着上也城市化了。可是，生活改善了，精神上的压抑却使他难以忍受。有叔父和婶母的照顾，父亲却感到极端的拘谨。父亲说，叔父脾气“乖张”，婶母心眼狭小。

婶母对待他的态度和对待自己的亲生女儿的态度，有天壤之别。叔祖父不是一个恶人，也无意另眼看待自己的亲侄儿。可是叔祖父天性使然，为人极端严肃刻板，平日总是板着脸，很难看到笑容。父亲说，叔父只有在酒足饭饱后打麻将牌和了一个满贯时，才会露出一丝笑容。一则这是本性，一则恐怕是由于环境的压力——叔祖父进城后遭遇的困境太多，承受的压力太大。父亲来到叔祖父家，并没有履行过继手续，因此仍称呼叔祖父和叔祖母为叔父、婶母。这本身就有点“见外”的意味，不像我和姐姐从小就称呼他们为爷爷、奶奶。

不久之前，父亲和我一起回忆往事，就说起了当年进城的事。他说，婶母很少给他做衣服，即便做了，给亲生女儿用的料子是府绸，给他用的是粗布。粗布质地粗糙，价钱很便宜。父亲每天要花三个铜板才能吃饱，可婶母偏只给他两个，父亲只有每天饿着肚子。更加为难的是，每天要钱时，年幼的父亲总要酝酿良久，鼓足勇气才能开口。另外，由于秋妹嫁的人家是济南富裕大户弭家。婶母常常会让父亲到西关上元街秋妹家去，当然不是让他去玩，而是去“朝拜”。父亲很不乐意去献殷勤、巴结讨好，婶母对此极为不满。秋妹的丈夫叫弭菊田，是弭家的二少爷，到佛山街岳丈家做客，总是少言寡语，不懂礼数，离开的时候，总是说走就走，叔祖父每次都狼狈地赶在后面送客，父亲对此很不以为然。这些小事，父亲一直装在脑子里，八九十年后还会提及，可见印象之深。由此可以推断，一定还有更多的事情使父亲耿耿于怀。这些看上去极为琐碎的事情，无形中影响了父亲心理的发展。父亲曾经说过：“我不能说叔婶虐待我，那样说是谎言；但是在日常生活中小小的歧视……时间一长，性格就会受到影响。”父亲说，他对叔父只有感激，没有感情，对于叔父将他接到城里虽然满心感激，但是这件事究竟如何看待，一直到现在，他还没有想好。叔祖父让他进城，只因为他是个男孩，可以为季家传宗接代。进城可以读书，可以发达，但是要抛别父母，受人歧视，寄人篱下。要是让他自己选择，他会选择什么呢？

把父亲接进城后，叔祖父的一件大事就是张罗父亲的婚事。那时我们家租的院子呈长方形，前院由季家居住，后院由彭家居住。彭家的来源我不甚了解，据说源于南方的大姓。当时彭家有四位兄弟。二大爷和二大娘除了生下我的大舅、三舅、四舅，还生了三个女孩，就是我的大姨、二姨、四姨。四大爷也就是我的亲外公，生了一个男孩即我的二舅，以及一个女孩即我的母亲，排行第三，还和续弦的夫人生了一个男孩，就是我的五舅。因此，我有五个舅舅、三个姨。当时，我父亲和四位姑娘同院居住，虽然是前后院，交往仍然颇多。论美，父亲最为称赞的是叫作“小姐姐”的二姐，说她的形象“不同凡俗（的）标致”，用什么“沉鱼落雁”“闭月羞花”来形容都嫌不恰当。即便在数十年后（2002 年），他还引用数首宋词进行描述，可见他对二姐的赞慕。

《江城子》：腻红匀脸衬檀唇，晚妆新，暗伤春。手捻花枝，谁会两眉颦？

《雨中花慢》：嫩脸羞蛾，因甚化作行云，却返巫阳。

《三部乐》：美人如月，乍见掩暮云，更增妍绝。算应无恨，安用阴晴圆缺。

《鹧鸪天》：罗带双垂画不成，殢人娇态最轻盈。酥胸斜抱天边月，玉手轻弹水面冰。无限事，许多情。四弦丝竹苦丁宁。饶君拨尽相思调，待听梧桐叶落声。

不过赞慕归赞慕，父亲可没有娶她的想法。因为父亲颇有自知之明，按他自己的说法，当时的他“语不惊人，貌不压众，只不过是寄人篱下的一只丑小鸭”，不敢有非分之想。那时，父亲尽管处于丑小鸭阶段，但和被称作“荷姐”的四姐关系非常好。四姐“虽然比不上她姐姐的花容月貌，但看上去也赏心悦目，伶俐，灵活，颇有些耐看的地方”。她经常到前院和父亲聊天说笑，恐怕心里也已经有意于父亲。那个年代，男女即便相互爱慕，也只能心照不宣。在父亲的心里，四姐就是他心里向往的理想夫人。在四姐的心里，至少也是喜欢父亲并愿意嫁给他的。但这种事情哪能由他们自己来决定！荷姐的母亲，也就是二大娘，看不上丑小鸭。当时叔祖父并不发达，父亲又刚从农村来，乡土气未消，貌不出众，她哪能把自己的亲女儿嫁给这么个农村娃。叔祖父母更不知道侄子已经有了意中人，当然不会去撮合。后来，两家议定将四大爷的女儿、三姐彭德华嫁给父亲。其中原因，虽然不能摆在桌面上，但是从后来四姐嫁给殷实富户的子弟刘少言家的情形，便可以推测，那是二大娘偏心眼的结果。后来，父亲从德国留学回来，成了博士、教授，而刘家渐行破落，那时便有人说，三姐命好，有福人不用忙，称赞母亲嫁得好。这是后话。这样，1929 年，父亲便与母亲结婚了。说起来，这是一件再平常不过的事，却影响了父亲和母亲的一生。这其实并不是什么“福”，而是我们这一家的“隐患”，说它是“祸”也不为过。由此发生的具有悲剧色彩的故事，随着年月的逝去，便逐渐显现出来。

1930 年，父亲考入了清华大学。在这之前，他高中毕业以后，曾经在济南考过邮局的差事，可是竟然没有考中。去邮局做职员，是叔祖父给父亲定下的人生目标。铁饭碗嘛！但是，一个在高中连续三年考了六个甲等第一名的学生，竟然考不上邮局的小职员，这是不可思议的。就这个问题我曾问过父亲，以他当时的学习成绩为什么没能考上邮局职员。他说已经记不得是什么原因了，不过有一点十分清楚，那就是他实在是不愿意去当那个邮局职员。我猜测，一种可能是父亲弄虚作假，故意不让自己考取；一种可能就是有人走了后门，把父亲给排挤掉了。当然，他那时候并不知道，不去邮局做职员，而去读大学，这一辈子的前程就会大不一样。那时候，父亲虽然胸无大志，但也不愿意在邮局里度过一生。当时，一般家庭都不要求子女深造，读完了小学、初中，最多读完高中，就去谋个小职员的职业，最好是去铁路、邮局、税务、银行等部门，因为那是铁饭碗，然后生儿育女，终了一生。当时，即便是当上职员，有了工作，也是“混”日子。人们在街上相遇，除了问“吃了吗”“哪儿去”，更多的是问“在哪里混”，现在听起来真是不可思议。

在清华大学四年的学习生活，父亲没有详细地叙述过，但可以在他稀少的叙述和《清华园日记》里了解到一些情况。他选择了西洋文学这一专业，以一篇论述德国诗人荷尔德林（F. Holderlin）早期诗作的论文取得学士学位。父亲的日记里记载，他几乎每天都在读荷尔德林的诗。因此，父亲对荷尔德林感兴趣，甚至以此作学士论文也引起了我的兴趣。为此，我去查阅荷尔德林的资料，知道了他是一位著名的德国抒情诗人，生活于 18 至 19 世纪。他的早期诗歌受克洛卜施托克和席勒的影响，洋溢着革命热情，多以古典颂歌体的形式讴歌自由、和谐、友谊和大自然。但是他的价值却是在他去世一百多年后，也就是 20 世纪中叶，才被发现的，那正好是父亲在清华求学的时期。从这里可以看出父亲当时的思想状况。父亲那时也许正梦想着成为一个诗人，恐怕也有一些革命热情，却没有投身革命的勇气和打算，否则，他应该接受胡乔木的建议加入共产党。至于做诗人，父亲好像没有明确说过。从他的日记看，读大学的时候，父亲没有写过什么诗，也没有做诗人的志向，倒是开始写起了散文，并对成为散文家有着憧憬。另外，从他一生写作的情况来看，除去晚年的一首《泰山颂》，他从没有写过诗，更遑论发表诗作。这说明，父亲爱诗，但不擅长写诗，有诗人的感情，但没有诗人的表达能力。所以荷尔德林的影子，从父亲大学毕业以后便消失了。他虽然以《泰山颂》获得“世界桂冠诗人”的头衔，但大家都知道，那只不过是一场闹剧。对于为什么爱诗又不写诗，最后也没成为诗人，我曾问过父亲“您那么喜欢荷尔德林，喜欢中外诗歌，为什么您没有写诗，没有成为诗人？”父亲回答：“我太喜欢诗歌了，但写不好，不敢写，写散文比较得心应手。”

回过来再说父亲在清华大学学习的事情。对他产生深远影响的不是他所选的西洋文学专业，却是外系的两门课程。一门是历史系陈寅恪先生（就“恪”字的读音我曾问过父亲。他说，陈先生在德国学习的时候，他自己填表，德文的拼音是“ke”，所以应该读做“ke”）的“佛经翻译文学”，是旁听课；一门是中文系朱光潜先生的“文艺心理学”，是选修课。在读大学期间，父亲在写作散文方面已有所建树，发表了《年》《黄昏》《寂寞》《枸杞树》等文章，受到好评，但小说写得少。他和吴组缃、林庚、李长之被誉为清华“四剑客”，文学天赋初露锋芒。四年清华园的学习，对父亲而言，与其说是增长知识，不如说是开阔眼界，在众多大师级教师的熏陶下，他当然想去做一个文人，可是，摆在父亲面前的首要问题却是寻一份职业，养家糊口，维持生计，回报叔父婶母的养育之恩。至于当教授，他连想都没敢想过。

那时候，毕业即失业，找工作是一大难题。父亲有幸谋得了济南高中国文教员的职位，得以安定一时。一年的教师生涯，使他能够养家糊口，暂时满足了叔祖父对他的期望，也使他初尝世事，体会社会的百味。中学教员的薪水颇丰，但父亲没有放弃出国留洋镀金的打算。他除了按月给家里一定的生活费，还悄悄地积攒路费，打算以自己的力量实现出国梦想。谁也没有想到，一年后，父亲通过考试成了清华大学与德国大学交换的研究生，不久就到德国留学去了。

父亲和母亲于 1929 年结婚，1933 年他们有了女儿婉如，1935 年有了儿子延宗，延宗就是笔者本人。1934 年，叔祖母去世。1935 年，叔祖父续娶陈绍泽为妻。陈绍泽是我的第二位叔祖母，但是，我和姐姐一直都叫她祖母或奶奶。这里有一个插曲，是父亲去世前不久才对我说的。父亲对叔祖父有看法，对他这么快就续娶年纪比他小很多的女子一举不甚赞成，不愿意参加这一婚礼，所以在婚礼之前，便借口要去德国留学离开了济南。其实，当时离规定的出发日期还有很长时间。这样，父亲在从德国回来之前就没有见过这位婶母。十余年之后，父亲从德国回来，得知婶母为维持季家生存立下了大功，顿时后悔，便写信称赞婶母是季家的“功臣”，从此开始了和婶母和谐相处四十几年的漫长历程。

我们家的故事从这里算开了头，可一下子就没有了我父亲——

他到德国留学去了。谁曾想，他这一去就是十一年！父亲走的时候，我姐姐两岁，我只有三个月大。

在德国十一年的生活，父亲已有过较为详尽的叙述，我不再赘述。那么，在济南的“我们这一家”的情况怎么样呢？

气派的四合院

叔祖父结婚后，在佛山街南头买了一处四合院，不再租住马家的房子。新房子里发生的第一件重要事情，就是父亲和母亲结婚。这所四合院，房子虽是土坯墙、草屋顶，但房基是用大石板砌起来的，整体建得十分精致气派。大门坐西朝东，高大雄伟。两扇漆黑的大门，上面有两块长方形的红漆，是为书写或张贴对联用的。给我印象特别深的是那条很高的“提搭”，就是可摘卸的门槛。平常卸下来，晚上再安上。再就是那条顶门的木杠，是用一棵整树切成的方木，沉重非常，用来顶门稳若泰山。大门两侧砌有两块方青石，是变相的上马石，我小的时候常坐在那里看大街。院子有两进，西屋五间带前檐是正房，由叔祖父母居住，南屋由父亲和母亲居住，北屋暂时借给原房主居住。前院东屋五间是客厅。还有门房一间。西屋前面左右各栽有一棵海棠树。春天花开时，两棵树就像粉红色的塔，如云似雾似霞，花团锦簇，生机盎然。父亲爱海棠，恐怕就是从这里开始的。院子的其他地方还种着石榴、丁香等树木。前院有大水缸一个，里面养着水浮莲和金鱼。缸的两旁是两棵盆栽的大无花果树，上面结满了紫红色的大果子。我常常摘树上的无花果吃。还有一个后院，是放杂物的地方，有一棵白丁香树长在那里，春季开一树银花，芳香四溢，大有盖过前院的海棠之势。

父亲和母亲结婚后住的南屋有三间房子，西头那间是新房。我就是在那间房子里出生的。年龄稍微长大一点，看到新房的布置，觉得颇为新鲜，直到现在我还有印象。房间里有一张带蚊帐的大床，两个红色的大箱子，一个五屉柜，一个床头柜，上面摆设着座钟。墙面上挂着几幅字，是贺喜的横幅和对联。至于写的是什么，已经记不清楚了，但是有两个字，我觉得怪怪的，至今还有印象，就是"熊罴"。当时不理解熊罴是什么东西，不理解为什么人们结婚的时候用这两个字。现在看来，这两个怪字不过是庆祝人们结婚的套词。另外，当时撑蚊帐的竹竿竟然是红颜色的。竹竿应该是青黄色的，红竹竿就显得很特别，后来才知道那是用红油漆刷过的。这些，都给小小年纪的我留下了深刻的印象。当时的我虽然懂事了，但这间屋子里充满的新婚气氛，是我稍大一点的时候才理解到的。

佛山街的四合院是我出生和成长的地方，在那里我度过了幼年、童年，直到高中毕业。这所院落就是我温馨的家，它赋予我家庭的观念。我在这里启蒙，成长。我爱这所院落，它是我们一家人的院落，也是属于我一个人的天地。除了上述树木，西屋廊檐下是麦冬草，北屋前是杜鹃花，南屋前是绣球、玉簪。平日浇水施肥，剪理树枝，冬季收藏御寒等，都是我的差事。从有记忆的时候起，我就是整个院子里花草树木的管理者。那时候，叔祖母和母亲忙于生计，二姑和姐姐兴趣不在此处，叔祖父对经营院落的兴致早已过去，于是，打理满院子的花草树木就成了我的职责和情趣所在。我乐此不疲。

院子主房西屋的后面有一个小院子，我们都称它后园子。起初，这里是堆放杂物特别是柴火的地方。由于人迹罕至，柴火堆里就住进了一窝黄鼠狼。后来为了养鸡，才把它们赶走。我经常在那里玩耍，空间虽小，但十分安静，可以为所欲为。

1927 年，日本侵略军在济南制造了惨绝人寰的“五三惨案”。1937 年，日本人企图重新占领济南。经历惨痛的“五三惨案”之后，济南的老百姓一听到日本人要来的消息，就十分惊慌、恐怖。我们家也不例外。在叔祖母的主持下，我们一家人决定去乡下避难。我们去的地方，在济南南部的泰山山区一个叫仲宫的地方。接待我们的农家，之前经常去城里为我们家送农产品，所以关系很好。我们一家六口人，坐独轮车前往。虽然那时我只有两岁，但至今仍记得独轮车走在山路上的情形。在山区躲避了一段时间后，济南的形势逐渐平静下来，我们全家又回到了济南，不过这时济南已经被日本人占领了。这算是叔祖母在我们家建立的第一项功绩。

前面说过，叔祖父这个人，没有机会接受系统的教育，可聪明过人，肚子里的学问不少。他酷爱学习。正房西屋里有他的一间书房，里面有大量藏书、字画。他有一个大书桌，上面摆着文房四宝，还有一个硬木小柜，专门放置雕刻图章用的刀具。正房堂屋是典型的旧式陈设：条几、方桌、太师椅；正面挂着中堂、对联；条几当中摆着一座时钟，两旁各摆着一只瓷瓶、一只帽筒，旁边还有一个大理石的摆件，上面的图像酷似庐山云雨，叔祖父在上面题诗："横看成岭侧成峰，远近高低各不同；不识庐山真面目，只缘身在此山中。"

为了维持生计，叔祖父仍在黄河河务局工作。他担任过河务局工程科主任科长、下游总段长、河务共振会工程科科长等职，一家生活过得还算不错。当时河务局有四大工程师，分别是潘万玉、陈显庭、季嗣诚和张绍庭。别看是几位"土"工程师，黄河开了口子，他们都能够堵得上。后来分配来一位天津河海大学毕业的洋工程师，黄河开了口子，硬是没有办法。叔祖父脾气倔强，常和局长闹别扭，工作很不顺心。但是为了家庭生计，只好忍气吞声。日本鬼子占领济南后，他竟混到日伪山东省政府建设厅，当上了副课长。我不知道一个副课长一个月能挣多少钱，但在我的印象里，这时的家庭生活是没有问题了。非但如此，季家在佛山街顿时名气大增。人们说起季家来，总是"季课长家"长，"季课长家"短的。叔祖父每天上下班都有黄包车接送。那辆车比大街上的那些车要新得多。最特别的是，它有两盏照明灯，有脚踏的铃铛（我曾踏过，铃声洪亮，很有警示力），有崭新的帆布车篷、挡风帘子。冬天，叔祖父坐上去之后还有毛毯盖在腿上。我还记得黄包车夫姓王名春发，年轻力壮，为人憨厚诚实，拉起车来如风驰电掣，很是威风。那时，坐上那辆人力车就好比现如今坐上了别克轿车。叔祖父穿的当然是长袍马褂，但头是光头，戴一顶礼帽，冬天则戴水獭皮帽。后来不知什么时候，他又在外面穿上了西式呢子大衣，里面仍是长袍马褂。我始终没见他穿过皮鞋。我觉得他的穿着很新鲜，可又觉得不太协调。

家庭生活虽然没有问题，但叔祖父身负做亡国奴的压力，面对社会动乱、战争频仍的局面，他精神苦闷，心情极度颓丧，整日面孔严肃阴郁，毫无笑容。他看不到自己的前景，更看不到社会能向好的方向发展。他开始吸起大烟（鸦片）来了。在我的印象里，他在家的时候，不是吸大烟就是打麻将，已经很少见到他读书作诗刻图章了。他对字画、刻图章的工具、书桌等都已毫无兴趣，基本上弃之不用（后来都归我使用），他完全在混日子了。

季家功臣

续弦的叔祖母陈绍泽，颇有点来历。我稍大一点的时候，叔祖母跟我讲了她的身世。她先讲了野史中那段离奇的清雍正皇朝换太子的故事。据说，雍正皇帝原来的王妃钮祜禄氏盼望得子，以便继承皇位，但生下来的却是一个女孩。此前几天，当朝太子太傅、文渊阁大学士、礼部尚书转工部尚书陈元龙陈阁老的夫人分娩，生了一个男孩。钮祜禄氏遂设调包计，将自己的女孩换了陈阁老的男孩。这个男孩就是后来即位的乾隆皇帝。这样，陈家实际上就篡了皇位，而且是汉人篡了满人的皇位，实属罪大恶极，如若事发，陈家恐怕要被灭九族。后来，陈阁老就以体弱多病为由，告老还乡，回浙江海宁老家隐居。现在海宁还有陈阁老的宅第。据说，后来乾隆皇帝多次下江南，名为巡视，实为寻根，多次住在陈阁老家。逐渐地便有谣传说乾隆皇帝其实就是陈阁老的儿子。这种谣传极大地惊动了陈家，于是陈家人决定分散隐居于全国各地，以避灭门之灾。叔祖母的父亲也是陈门中人，是中医世家，他带着叔祖母去了天津，后来又将叔祖母寄养在济南姓陈的亲戚家，再后来，这位女儿经人介绍嫁给了叔祖父。他们结婚的时候，叔祖父五十多岁，叔祖母三十来岁。老夫少妻，十分恩爱。

上述故事不见于正史，在演义历史小说中、在民间却广为流传。究竟是真是假，姑且不论，叔祖母的确跟我描述过，而陈家的举家遣散恐怕也是事实。但遣散究竟发生在什么时候，她没有告诉我，我也无从确定，推断起来，应在乾隆朝之后，因为陈阁老接待乾隆南巡也是事实。设身处地地想，一个显赫家庭举家遣散，没有巨大压力是不可能的。所以，当社会上出现了谣传的时候，作为预防措施，陈家不得不做出遣散之举。调包不调包，陈家当然心中有数，可是面对谣传，百口莫辩，不如以预防为上策，忍痛遣散。要知道，清王室是不会手软的。当然，遣散也不等于证明一定有篡位的事实，可是此谣传足以使陈家获满门抄斩，诛灭九族，这样的后果，能不让陈家心惊胆战而不得不果断行事吗？在这之前，叔祖母对此讳莫如深，守口如瓶，她一定对叔祖父讲过，但叔祖父此前也没跟我讲过。叔祖母将此事告诉我的时候，已经是20世纪40年代了，可以“解密”了。

叔祖母嫁给叔祖父之后，没过几天好日子。我父亲去德国留学，家里便失去了一个大的经济来源。但父亲去德国留学是叔祖父同意的。那时叔祖母尽管还没进家门，也参与了这个决定。他们曾经表示，留学不过两年时间，无论如何也能坚持下来，侄儿留学镀金，回来后可以挣大钱，应该让他去。侄儿一走，叔祖母很快就背起了家庭的重担，为季家而奋斗。叔祖父既有固定工作，叔祖母为什么还要为生活奋斗呢？很简单，叔祖父的收入不敷支出。那时父亲在德国读书，不需要家庭供给。可是，要维持这个家，还是有很大困难的。况且叔祖父还吸上了大烟，这是一笔大的开销。一家六口人吃饭，两个孩子上学，用人、车夫、房屋维修、社交应酬，等等，一个人的薪水怎么够呢？为了维持这个家，叔祖母拿出看家本领——祖传医术，开张行医，增加收入，弥补开支的不足。

叔祖母为人聪慧，她虽没受过正规教育，但除了从自己父亲那里学会的中医医术，还能背诵很多诗词，熟知很多古时文人的故事。她处世精明，操持家务有方，也颇有个性。年轻的时候，她为了给自己的父亲治病，曾果断地从自己的胳膊上剪下一块肉做药引子（我亲眼见过她的伤疤）。嫁到季家后，丈夫不理家事，侄儿又在国外，家庭运转的担子只得由她来挑。日子拮据，入不敷出，怎么办？她只好当起郎中。她初出茅庐，经验不足，但基本掌握中医辨证施治的精髓，加之胆大心细，收费合理，能体贴患者的难处，对穷困患者更是宽大为怀，不久便在妇科、小儿科方面博得了声誉，上门求医者络绎不绝。她有几项绝招，一是治疗妇女不孕症，方法简单，花费极少，见效极快；一是治疗白喉症，自配药粉，一喷就灵；一是治疗霍乱，上吐下泻，小小药袋，在肚脐上热敷，即刻见效。这几种病在当时是常见病，后两种病在日本人统治时期更是常发病，传染性极强，一旦得病便难以治疗，要人性命。后来，经我相求，叔祖母把治疗这些疾病的药方都写给了我，至今我仍然保存着。我曾向我国的医药主管部门写信表示愿意无偿捐献这些药方，但至今没有下文，也许他们都以为我是骗子吧！这是后话。

叔祖母为人医病尽心尽责。日本人统治时期瘟疫流行，来势凶猛。常有人夜半敲门求医，她一概不加拒绝，有求必应，可以说随来随医。对穷人还常不收费，甚至还奉送药物。这样，她的名气一天天增加，甚至有人送来了匾，上书“华佗再世”“群儿救星”等，高悬在大门一侧，上面挂着红绸带，十分引人注目。我们全家都引以为荣。叔祖母用她的医术，既救人于危难，又支撑了家庭的生计。现在想来，如果没有她，我们家的日子是很难过下去的。

叔祖母还有经商的头脑，她充当经纪人，通过买卖土地、煤矿、股票来收取中介费。但这方面似乎没有取得太大的成效。只记得她经常下乡看土地，有时候还骑着马下乡。

日本人统治时期，济南粮食供给十分紧张。市面上有时很难买到面粉，必须到面粉厂门口去抢购。叔祖母和母亲半夜就要去排队。那里人山人海，秩序混乱。开始卖的时候，往往秩序大乱，日本宪兵就放狼狗咬人，用警棍打人以控制局面。在这样的情况下，她们只有奋不顾身，才能买回一些面粉。每次她们扛着面粉回家来，都是面色苍白，头发蓬松，惊魂未定，好像刚从战场上下来一般。我幼小的心灵受到极大的震动。

和叔祖母一起撑持家庭的是我的母亲。她负责全家的劳务。她就像一头黄牛一样，晨夕劳作，耕耘不休。稍早些时候，还有一位姓刘的女用人帮忙。因为她的门牙长得大，我们就叫她刘大牙。到后来雇不起人了，就只有母亲一个人干活。一家六口人，做饭、制衣、做鞋、洗衣等诸多家务劳作，全靠母亲一人操持。她还得伺候公公婆婆。可以想象她有多么辛苦。母亲为人憨厚，身体强壮，干起活来真有使不完的力气。她天资有限，文化水平不高，但也能教育子女。她的教育方法，不是让我们读四书五经，而是经常给我们讲一些故事和做人的道理。其中，关于孝敬父母的故事对我的影响最大。我非常同情那些需要孝敬的老人，也非常赞赏那些能孝敬老人的人。我睡觉的时候一边听她讲，一边流着眼泪。童稚的心里便种下了要做一个孝敬父母的人的种子。她无法辅导我们学习，所以我和姐姐在学习上全靠自律。那时姐姐跟二姑（即季淑林，我们叫她二爹）一起睡在南屋东侧的一间屋里，我则和母亲睡在西侧父母结婚用的新房里。因为没有弟弟妹妹出生，我很晚才离开母亲，自己独立生活。这就使我长期恋着母亲。记得我四岁上了小学，每天下学回来，先要扑在母亲的怀里吃几口“咂咂”才能去玩。

孤儿寡母遭人欺。父亲远行德国，妻子独守空房，自然会招来麻烦。我的一位旁系舅舅就对母亲起过邪念。他经常跑到我家来，以求一逞。可是我母亲坚贞不渝，那个舅舅无法得手。叔祖母也侧面防护，最后粉碎了他的图谋。父亲说："……对丈夫，她绝对忠诚，绝对服从，绝对爱护。她是一个极为难得的孝顺媳妇，贤妻良母。"这评价绝非夸大。

在父亲不在的十一个年头里，对我母亲来说，最大的压力不是繁重的家务劳作，而是精神和舆论的压力。在那个年代，一个女人的丈夫长久在外不归，各种说法自然而生。对母亲来说，她最不能承受的压力莫过于听说季羡林在国外有人了，他回来时一定会带回一个黄头发蓝眼睛的外国女人。第二次世界大战爆发后，我们家与父亲的通信中断了八年。这期间，舆论难以平息。母亲的精神压力无法减缓。她没有地方去诉说衷情，孩子都小，不懂事，亲戚中也没有人能替她排解烦忧。她只有努力伺候公婆，照顾儿女，料理家务，以此来冲淡自己的思念和担忧。可以想象，她的日子是非常难过的。

有一段时间，母亲患了妇科病，据说是子宫癌，每到经期就大出血，剧烈疼痛。她在床上翻滚不停，要我用手甚至用脚压迫她的肚子，可是这样无济于事，她只得强忍。我十分心疼她，也无可奈何，只能站在她的床前干看着她受折磨。那时对于癌症的了解很少，我们家也没有条件让她进西医医院，替母亲治病的担子就只能由叔祖母挑起来。她用中药治疗，不知费了多少心力，才把母亲的病治好。叔祖母的医术创造了奇迹，真可以说是妙手回春。更难能可贵的是，她这样做要承担很大的风险，但她没有推脱，而是义无反顾地为母亲治病。现在看来，如果没有叔祖母的胆识和医术，母亲恐怕早就不在人世了。所以，对叔祖母的勇气和胆量，我真是敬佩至极，永志不忘。

没有父亲的岁月

父亲去德国留学，是1935年8月1日离开济南的。他说：“我留下的是一个破败的家，老亲、少妻、年幼子女。”那时，姐姐两岁，我三个月大。

父亲走后，我们家就如同失去了顶梁柱一般，大有风雨飘摇之感。失去了父亲每月定时上交的几十元大洋的工资，家庭的经济状况顿时便显得十分拮据。对于我和姐姐来说，家庭经济上的拮据不是问题，重要的是，我们从此失去了父亲的关照和影响，更没有想到，父亲从我们的视线中消失竟会长达十一年！我和姐姐两个人可以说是在完全没有父爱的环境里长大的。说来让人难以置信，我们不知道什么叫父亲，也不知道谁是我们的父亲，更感受不到父亲的关爱。亲友中有好事的常问我们：“你有爸吗？”“你爸哪里去了？”“你爸是什么模样？”我们茫然不知如何回答。时间长了，我们感觉到这是挑衅，就再不理睬。可是心里总在琢磨，为什么我们没有父亲？父亲是什么样子的？每逢这时，母亲就对我们说：“你爸去德国念书去了。”可是，为什么念书要到德国去，德国又在哪里，我们都不明白。后来父亲寄来了照片，我才看到了他的模样。多么陌生的一个人呀！他身穿西服，脚蹬皮鞋，打着领带，留着洋头。那时，在尚未十分开化的济南，这些都是很新奇的。记得有一次，母亲悄悄对我说：“你爸是个麻子。人家叫他季大麻子。”这也是母亲一生中对父亲的唯一贬词。现在想来，这是母亲不满心理的表现。人们总说父亲是大学毕业，又是留洋的博士，等等；母亲则觉得她比父亲长得漂亮——她也就只有这一点可以在心底里暗暗地与父亲比较，留洋又如何？后来她曾经说过：“别以为他是大教授，那时我还不愿意嫁给他呢，刚从乡下来的一个野孩子。”其实，父亲的长相也很英俊，从照片上或从远处看，那也是一表人才。当然，那时的我根本不知道什么是麻子，也不知道脸上长了麻子的人会是什么样子。于是，我就特别留心观察，后来果然在街上看到了麻子脸，便想象父亲的麻子脸是什么模样。其实父亲脸上的麻子是很轻的，母亲可能故意夸大，是对父亲最初没有钟情于自己有点不满。

第二次世界大战爆发后，家里和父亲的联系就中断了，很久没有父亲的消息。过去家里和父亲经常有书信往来，还互相寄送照片，虽说远隔万里，但仍然可以有基本的了解。联系中断之后，母亲越来越觉得不安。战争进行得那么激烈，父亲是死是活，令人揪心。母亲实在忍不住了，便去求助于算命先生。一天的午睡时间，母亲和二姑背着叔祖父母从街上请了一位算命先生，要他算一算父亲是活着还是没了。如果活着，什么时候能够回来。那个算命先生装神弄鬼，大变戏法。他把一张纸塞到信封里，三变两变，就变出一个纸人来。他说这就是季羡林，说明他还活着，没有死。至于他在干什么，要用千里眼法才能知道。他的这种千里眼法只能由小孩子来看，因为只有小孩子心诚，心诚则灵嘛。于是，他把手捂在我的眼睛上，念念有词，不断地问我看到了什么，看到爸爸了没有。起初，我眼前一片漆黑，没过多久，眼前似乎有了父亲的影子。于是我便回答说："我看到爸爸了。"算命先生又问："他在干什么？"我说："他坐在草地上。"母亲和二姑都感到极大的安慰和满足。为此，母亲竟付给算命先生两块银圆。至今我的脑子里还有那两块银圆的影子。我很惊讶，母亲哪里会有银圆，怎么舍得花那么多的钱来算卦？我说看到了父亲，其实就是挂在墙上的照片里的那个人。照片上，父亲正是坐在草地上，衣着整齐，姿势端正，一看就知道那是为了照相而摆的姿势。年幼的孩子，在算命先生的导演和引诱下，充当了为算命先生骗钱的工具。过了很久，我才琢磨过来，那是上了算命先生的当，我感到十分后悔，终生不再相信并痛恨这类把戏。当然，话又说回来，花两块银圆让母亲和姑姑得到一点暂时的安慰，也算值得。

父亲不在的岁月里，我和姐姐（主要是我）浑浑噩噩地成长。姐姐喜欢读书，也比我聪明，肯用功，学习成绩比我好得多，但性格较为内向。我记得她似乎总是在看书或在屋子里玩，这有点像父亲，而我则经常和姨舅家的一大帮孩子玩耍。玩武的就打架，玩文的就过家家，假结婚。男女小孩配成对，玩全套仪式，最后进洞房。可是进了洞房以后要做什么，我并不知道，只好结束了之。我特别喜欢四姨的一个女儿，总要和她配对，总要玩到进洞房。我对女孩很好奇，就趁这机会对女孩进行各种试探，感到十分新鲜和激动。我还喜欢养花种草，抓蝈蝈，斗蟋蟀，猫狗鸡兔鸟虫全都喜欢养。我曾一个人跑到荒郊野外捉蝈蝈，在千佛山下的玉米地里，和玉米秸上机警的蝈蝈周旋，总能把它们捉住。蟋蟀无论藏在什么地方，我也总能让它们进入掌中。我还喜欢养蚕。从蚕子孵化到长大，到成蛹、变蛾、交配、产子，生命的这种奇特的循环使我深深折服。姐姐主要的游戏是在抽屉里玩过家家。她用布头、硬纸片、火柴盒等材料做成小人、家具等，把它们布置成两个或多个家庭，她一个人在那里支配着所有的小人，你来我往，煞有介事地走亲戚、过日子。她读课外的书，也比我早。诸如《红楼梦》《家》《春》《秋》等都是她起头，我才跟着读的。而我喜欢读的《济公传》《水浒传》《七侠五义》等书，她却都不感兴趣。

至于学习，我也并不是没有能力。我四岁就上了小学，成绩也不差。对于学外语，我是有能力的。可是就不乐意学日语。我们都反对日本人占领中国。教日语的是位女老师，她上课的时候我们都不跟着她发声，急得她直哭，我们则暗暗高兴。可就是这样，到小学毕业的时候，我们也都能用日语演话剧了。

记得是我五六岁的时候，叔祖父不知受了谁的鼓动，忽然要教我学古文。在此以前，他一直十分消沉，对孩子们的教育不闻不问。日本人入侵，国家沦亡，虽然尚能糊口，可是在日本人统治下，他根本没有教育孩子的心情，而且一些朋友总在旁边吹风："有什么用？瞎子点灯，白搭一支蜡！"他就更没有教育孩子的兴致了。现在他忽然要教我了，我有点困惑。再者，为什么不教姐姐？那时，我并不懂得什么重男轻女，只是硬着头皮去学。只见他取出一本线装的《孟子》，让我从头念起。"孟子见梁惠王。王曰……"叔祖父把我叫到他的床前，边吸大烟边给我讲"利"和"仁义"的意义。究竟讲了些什么，我当时听不懂，现在更无从记起。只记得他讲的时候，精神十足，摇头晃脑，高声朗诵，颇为振奋，这是我从来没有见过的。原来叔祖父还有这样的一面！可是他给我上课，总共没有几次，很快就停止了。自然，我如释重负，高高兴兴地玩耍去了。后来不知是谁把那本《孟子》收回去，又放到书架上，束之高阁了。在那之后，我就再也没有系统地读过古文。直到现在，我能背诵的古文也就只有《孟子》开始的这一段，想起来十分懊悔。

后来又发生了一件事情，使我几乎丧命。多亏叔祖母医术高明、措施得当，才把我从死神处救回。事情是这样的。刘妈煮大麦粥，我觉得非常好吃，狂吃一通，结果得了严重的积食症。一连多天，上吐下泻，不能停止。眼看着，我气息奄奄，就要命丧黄泉。家里已经给我准备了小棺材。季家唯一的传人就要完了，那可如何是好？叔祖父替我取名叫“延宗”，本就为了延续季家的香火，如果就这样一命呜呼，一切岂不全完了？这时，又亏了叔祖母，她沉着应对，抓药护理，竟然使我转危为安。之后，她严格限制我的饮食：肉类绝不能吃，水果也在禁止之列。我的胃口刚刚恢复，饥饿感极强，更忍不住美食的诱惑，想吃的东西太多了，水果弄不到手，院子里的无花果长得正诱人，又大又红，便偷着摘了几个。哪知道刚送到嘴边，叔祖母忽然从我身后出现，一把就将果子夺走。我急得竟和她抢夺起来。叔祖母一手抓住我，另一只手便将果子扔过屋顶，扔到院外去了。我当时大哭了一场。后来，随着年龄的增大，我越来越感到悔恨，越来越感激叔祖母，她果断的举动包含着多深的爱呀！

还有一次，我在院子里练飞檐走壁，不小心右臂肩膀处脱臼，右胳膊完全失去控制，不能动弹，只能吊在那里。叔祖母发现我总是用左手拿东西，右手根本抬不起来，怀疑是脱臼，便领我到一家剃头铺子检查，只见那师傅揉揉转转，忽地一推，我的手臂和肩周就合上了。脱臼治好了，我的右臂却受了伤，以致发育不良，终生受害。飞檐走壁没有练成，我总觉得遗憾，但造成脱臼的那个招数至今记忆犹新。如果没有叔祖母，我的一只胳膊恐怕难以保全，有那一招又有何用。

父亲的家庭情结

父亲在德国的十多年里，孤身一人，思乡之情十分严重，特别是在他结束学业不能回国的时候，尤其如此。每逢过年过节，他的思乡之情剧烈涌动，除了要写点什么，不免要大哭一场。“一年将尽夜，万里未归人”一直是父亲怀乡时的自诩，里面饱含着他这位游子深沉的孤独和寂寞。在怀念故乡的时候，他首先想到的是已故的母亲，其次是远在万里的济南的那个家。前者出于血缘亲情，后者则出于理智和责任。这是父亲对两个家庭的思念，是他对两个家庭的情结。

那时，父亲思念的还有另外一位母亲，那就是他的祖国，是祖国这个大家庭。父亲这两个母亲的情结，一直贯穿了他的一生，常常表现在他的文章中和行动上。正是这两个情结，最终使他割断衷情回到自己的家，自己的祖国。令人感动的是，最近我在整理父亲的遗物时，从一个笔记本上发现了他写的一些文字，竟然仍在述说这两个母亲的事，他写道：“一个人有两个母亲，第一个是生身之母，这用不着多说；第二个是养身之母，就是我们伟大的祖国，道理并不深奥，一思考就能够理解。”写这些文字的时间是 2009 年 7 月 3 日，距他 7 月 11 日离世只有 8 天时间。由此可见，这两个情结对他有着多么深刻的意义。

父亲的家庭情结较为纷乱，不像我和姐姐，我们只对济南那个家庭有感情的关联，和清平官庄的那个家没什么感情上的联系。除叔祖父之外，我们谁都没去过那里，对那里一无所知。在我和姐姐的心里，济南的这个家就是我们的家。我们一起管叔祖父和叔祖母叫“爷爷”“奶奶”。在此为了叙述清楚，才称他们为叔祖父和叔祖母。可父亲的家庭情结就不像我们那么单纯了。按我和姐姐的想法，父亲应该和我们一样，只对济南的家有感情，不应该有其他想法。可是实际上不是那么一回事。父亲的家庭情结要复杂得多，这是当时的我和姐姐所不能理解的。

父亲是从一个农村家庭来到一个城市家庭的。他对农村那个家庭有什么样的情结，我所知不多。从父亲的叙述里，给我留下的印象就只有两件事：一是“穷”，二是他对母亲的无限怀念和悔恨。自从他父亲把家产败坏干净之后，他家一贫如洗，父亲小时候连吃饱肚子都有困难。所以，捡食落枣竟成了解决饥饿的办法，而从大娘那里弄半个白面馒头就如得龙肝凤髓，为了抢吃一块白面饼子，竟被母亲一直追到水湾里去。除了穷困，父亲对他母亲的怀念和悔恨可谓深刻、长远。他 6 岁进城，21 岁在清华大学读二年级时母亲去世，期间没能好好看望过母亲，何谈孝敬！那时他父亲已经过世，母亲只守着三分地过日子，其穷困可想而知。念大学的他，虽然有能力在经济上支持家里一点，可是他什么事情也没有做。后来回家奔丧，为他母亲送终，他竟然回忆不起母亲的面容。对此，父亲终生悔恨，无论如何也不能释怀。尽管如此，清平那个地方毕竟是他的出生之地，那里曾生活过他的亲生父母、两个妹妹，还有很多同姓和异姓的亲戚；那里有他小时的伙伴，当然还有养育他的土地、房屋和他熟悉的树木、池塘、道路和其他的一切。这些，他在自己的文章里都描述过。他对那个家庭的深刻感情由此可知。但是，除了母亲，父亲很少谈到他的父亲，偶尔谈起也只说他不怎么样，但究竟怎么不怎么样，不清楚。前面曾写过他的一些表现，譬如挥霍家产、赌博充大、无所事事等，恐怕也不过如此。但父亲并不因此觉得他是一个坏人。后来，父亲偶然谈到他的父亲，觉得他身上确实是有股侠气，并且也影响了父亲本人，父亲似乎是赞赏这种侠气的。我对父亲说，依我看，你身上好像也有这样的侠气。他微笑着说，是有的。这似乎是父亲对于他父亲的唯一的肯定。

对济南的家，父亲有怎样的情结呢？按常理说，他应该有幸运、幸福、感激的心情。可是，事情正好相反。他在济南的家里长大，叔祖父给他慷慨的支持，对他严格要求，又帮助他成家立室，可他对这个家始终觉得格格不入，甚至反感。之所以如此，叔祖母对父亲的态度是重要原因，此外，父母之命的婚姻也是原因之一。上文所述，第一任叔祖母对这个外来的侄子不感兴趣，不免在很多事情上慢待他。一些事情乍看都是小事，可就是这些小事，使父亲对济南的家产生了“见外”的感情，“寄人篱下”是父亲对这种感觉的描述。可以这么说，父亲虽然到了城里，和叔祖父母生活在一起，但并没有把济南的家真正当成自己的家。父亲到了济南以后，有机会念书了，眼界扩大了，知识增长了，更重要的是发现了自己。他发现，除了调皮以外，他竟然是一个能够念书、成绩优秀、多愁善感、感情丰富、喜欢舞文弄墨的人，是个文人坯子。济南的家的环境非常适合他念书，他在那里打下了坚实的基础，以优异的成绩同时考上了中国的两所最高学府——清华大学和北京大学。他到了北平，选择了清华大学，又学了西洋文学。这时的他，已经完全不是从官庄出来的农家子弟了，他已经成为一个有独立思想的知识分子。在他的感情生活里，对济南的家的异己思想已经越来越明确。那时的父亲，在家庭这个问题上，处于一种矛盾状态。他本来有一个自己的家，可是竟不得不寄居在其叔父家里。他本来有自己的意中人，可偏偏要娶一位自己无意的女人为妻。理智上，他承认自己是这个家庭的成员，而且除了生育后代、延续香火，在将来结束学业后，还必须承担起维持这个家庭的责任。然而，他与这个家庭又如此格格不入。农村的那个家，距离越来越远了；城里的这个家，也并没有贴近。从他的性格、感情、气质和理想来说，或者说透了，从他个人的愿望来说，那个时候他更希望自己能成为一个没有任何家庭羁绊的自由人，由他自己去建立理想家庭。在旧中国，个人从旧式家庭里解放出来，正是那个时代革命大潮的一部分，许多人为了实现个人的解放，就背叛家庭，走上革命的道路，进而争取整个社会的解放。这样的故事是很多的。可是，父亲没有这个勇气，不满归不满，他没有走上和家庭决裂的道路。他走的是委曲求全、和家庭妥协的道路，他的这种态度一直保持到他人生的最后。

现在，让我们看一看他对济南的家的感觉。在他的《清华园日记》里，有许多记述：

家庭，理论上应该是很甜蜜的，然而我的家庭，不甜蜜也罢，却只是我的负担。物质上，当然了，灵魂上的负担却受不了。（1933.3.3）

济南空气总令人窒息。看着浅薄的嘴脸，窄的街道，也就够人受的了。（1933.6.10）

我近来对家庭感到十二分的厌恶，并不是昧良心的话。瞻望前途，不禁三叹。（1933.6.30）

说实话，家庭实在没有念念的必要与可能，但心里总仿佛要丢什么东西似的，惘惘的，有醉意。（1933.8.9）

我最近感到很孤独。我需要人的爱，但是谁能爱我呢？我仿佛站在辽阔的沙漠里，听不到一点人声。寂寞呀，寂寞呀！我想到了故乡里的母亲。（1933.8.19）

家庭对我总是没缘的，我一看到它就讨厌。（1934.4.18）

……想到将来……前途仍然渺茫，而且有那样一个家庭，一生还有什么幸福可说呢？（1934.5.6）

家庭毕竟同学校不同，一进家庭先受那种沉闷空气的压迫。（1934.6.29）

中国的家庭真要不得。家庭本来是给人以安慰的，但大部分家则正相反，我的家庭也是其中之一。（1934.7.3）

以上是父亲1933年、1934年日记中的话，可以说，是这一时期他的家庭情结的真实写照。为什么父亲对家庭会有这样的情结呢？客观地说，父亲从来就没有把济南的家当成他自己的家，这是他叔父的家，他是被寄养者；无论他叔父母待他如何，他终归是寄人篱下的。这里虽然有他的结发妻子，有他的亲生儿女，可这些都是他情愿的吗？这感情，跟我和姐姐的完全不一样。在我们的心里，这个家就是“我们的家”，我们生在这里，长在这里，听到父亲嘴里说“叔父”“婶母”，我们觉得奇怪、见外。除了上面的那些记述，父亲还说过一些感受。譬如他说，这个家里有两个女人使他对家庭产生了反感：一个是他的婶母，一个是他的秋妹。很显然，婶母没有儿子，对培养他这个外来的侄儿缺乏热情，况且，父亲只会读书、花钱，他乡下的父母都要靠城里的弟弟供给，婶母哪里会高兴？这是人之常情。秋妹则嫉妒这个乡下来的哥哥，这也很自然。在父母的娇惯下，她后来又嫁了一个有钱的丈夫，表现得“轻浮”和“高傲”，也在情理之中。至于给父亲不断地制造麻烦，譬如，她说她母亲的病是我父亲气出来的，等等，也是可以理解的。父亲把这些归为“女人天生的劣根性”，再加上他所谓“挥之不去的穷困”，父亲对此感到压力和气闷也是很自然的。

此外，如果父亲能够有一位可心的女人做妻子，或许还不至于对这个家有这样的不良情结。可是世上哪有十全十美的事？父亲有了妻子，但还是在父母之命，媒妁之言下的硬性结合，父亲自然感到很不满意。父亲曾经在文章中写道，当时他心中可意的人是“荷姐”，就是我的四姨，而不是行三的我母亲。于是，他终身背着这个感情的包袱，生活得十分沉重。在这样的情况下，父亲对我们这个家是不会有好的情结的。

可是，父亲从来没有直面过这个问题，对我和姐姐或其他家人更是讳莫如深。我和姐姐大学毕业后，在北京参加了工作，我们常暗示要将母亲接到北京来，这时他才说了一句话：“我和你妈没有感情。”这是拒绝我们的建议的话，也是真话。不管是在说这话的20世纪50年代，还是今天，它都是真的。我父亲和母亲是没有感情的，他并不情愿和自己的妻子生活在一起，他们的结合是勉强的、机械的，他们的婚姻和生活是悲剧，他们的家庭也只是形式上的圆满或美好。只有不了解情况的人，才把父亲的家庭说成是美满的。

至于说由父母之命，媒妁之言成就的婚姻不一定都是悲剧，在很多情况下，也能成为喜剧，例子随手可拾，我也看不出父母的结合就一定要酿成悲剧，但他们为什么不可以产生感情从而营造幸福家庭呢？父亲为什么不去做这个努力呢？为什么他只是含着不满，听之、任之、受之、冷漠处之呢？我至今没有答案。

父亲曾在《清华园日记》里写到过他的婚姻："……使我最不能忘的（永远不能忘的）是我的 H（即彭德华，他的妻子——作者注）。竟然（经过种种甜蜜的阶段）使我得到 der Schmerz（痛苦）的真味。我现在想起来仍然心里突突地跳——虽然不成的东西，也终于成了东西了。""不成的东西"虽然成了"东西"，婚结了，但是感情是没有的，而且得到了痛苦。为什么没有感情，得到的又是什么样的痛苦，父亲没有做具体的说明。为什么不能有婚后恋，为什么不能在婚后去培育夫妻间的感情，他更没有说。似乎，从那时他就给自己的婚姻宣判了死刑，不过是无限期地缓期执行罢了。一方面是寄人篱下，一方面又有了这样的婚姻，父亲对自己的家庭能有美好的情结吗？

在大学时期，父亲对自己所处的家庭，纵有千恩万怨，似乎并没有背叛的想法。一方面，那时他还没有独立的能力，要依靠这个家供他上学；即使毕业，以后的前途还难以预料。虽然他脑子里装满了当作家或其他什么人的想法，可是怎么实现，还大成问题。至于当教授，他压根儿就没敢想过。他想的首先是混个差事来养活这个家，这是他的责任感的表现。另外，父亲骨子里就是一个有背叛思想而没有背叛勇气的人。他感情丰富、文思泉涌、善于学习，天生具有文人气质，对女人、爱情、家庭自然有自己的一套想法。可这与他所处的家庭的情况相去甚远，与当时的社会情况相去甚远。对于父亲来说，尽管他已经由一个乡巴佬蜕变成一个现代才子，可他却缺乏实现自己理想的勇气和胆量。传统的道德观束缚着他，他跳不出那个圈子，他只能在日记里发泄。对叔祖父母、妻子儿女，对那个由他们组成的家庭，他虽感异己但没有背叛的勇气。他既不背叛，又不去培植爱。或许他会说，他压根儿没有想到背叛，他是为了求仁，才委曲求全的。但他却没有说他为什么不去培植对家的爱，或许那样做对他说来太过勉强，太不情愿。做文人固然美妙，但他身处一个没有爱的家庭，那文人做起来也不会快乐。就是在这种情况下，他大学毕业了，他在济南当了一年中学教员，然后幸运地去德国留学了。阴差阳错地，他走上了做学问、当教授的道路。虽然如此，这只是给了他一个出路，他和家庭的感情状况并没有因此而改变。

父亲到了德国，脱离开自己的家，一个人孤零零地在万里之外的异国他乡，攻读枯燥无味的学问，饱尝第二次世界大战的战火、饥馑和各种危险、苦难。但即便在那种严酷的条件下，父亲还是有机会体味到几个家庭的温暖：章用家、他的女房东家、伯恩克家、迈耶家、弗里堡的克思家……甚至也有几个女孩使他心动。其中迈耶家的大姑娘伊姆加德（Irmgard）对父亲表示了爱意。她经常帮父亲打论文稿子，他们有了密切接触的机会。他们曾经度过了一段热恋的时光。他们常常一起去林中散步，去电影院看电影，去商店里买东西，几乎走遍了哥廷根的大街小巷。父亲曾为她美丽的姿容、悦耳的语声、嫣然的笑容而怦然心动。这时，父亲真正尝到了爱情的滋味，心里充满了幸福。他们同时坠入了爱河。（见张光璘：《季羡林先生》，作家出版社，第 83 页。）更重要的，这恐怕是父亲第一次真正的恋爱，也可以说是初恋。可结果如何呢？伊姆加德一边替父亲打字，一边劝父亲留下来。父亲怎么不想留下来与她共组家庭，共度幸福生活呢？当时，父亲还有可能应聘去英国教书，可以把伊姆加德带去在那里定居。可是，经过慎重的考虑，父亲还是决定把这扇已经打开的爱情之门关起来。他克制了自己的感情，理智地处理了“留下来”还是“回家（国）去”的难题。虽然“祖国”“家庭”使他战胜了“留下来”的念头，但可以想见，做这个决定是多么不容易呀！“祖国”是个伟大的概念，当时执政的是国民党，父亲对国民党不感兴趣，对自己的那个家也并不留恋。回去，就好像跳进了两个笼子。可是最终他还是选择了这两个笼子。父亲的这一决定当然可以誉为美谈，可以说是“仁”的胜利，而且是“至仁至义”。可是这个“仁”却成了我们这一家继续上演悲剧的种子。他的这种选择，也给伊姆加德制造了终生的悲剧——据说她因此终生未嫁。父亲的至仁至义的选择，为什么竟得到了双重悲剧？难道追求至仁至义，就一定要付出这样大的代价吗？而伊姆加德为了爱情就一定要孤独一生吗？虽然这的确是一个可以歌颂的恋爱故事，可是为了爱情，就只能有这样的结果吗？这可真是一个难解的题目！不知世上有谁能够给出一个万全的解答？

不管怎样，这是父亲自己的选择。不管怎样，这也是伊姆加德的选择。不管怎样，母亲也只能接受父亲这样的选择。就这样，父亲带着并未改变的家庭情结和复杂的感情纠葛回家来了。

父亲回家

1945 年夏季的一天，已经失业在家的叔祖父神秘地向我们传播了一个令人振奋的消息：日本鬼子投降了。开始，大家不敢声张，因为日本人还在。没过多久，这一消息正式宣布了。于是人心大快，连叔祖父和他那些整天只知道打麻将、吸大烟消磨时光的朋友们也都喜形于色，精神振奋。我不记得那时在济南曾发生过什么激烈的反日事件，不久国民党的接收大员就来了。军队来了，警察队伍建起来了，秩序很快恢复了。抗战胜利前，叔祖父失业了，我和姐姐失学了，全家失去了经济来源，全靠叔祖母行医和出租房屋维持生活，经济上十分窘迫。我记得，为了贴补家里的零用钱，我们还糊过洋火盒（火柴盒）。现在的人们或许想象不出，糊洋火盒能挣多少钱。现在我说不出具体价钱，可以肯定的是，糊一个洋火盒的所得是微乎其微的，所以都是按每百个或千个来计价的，糊一千个盒子或许只能挣几毛钱。通常，我和姐姐下学后，要先糊一些洋火盒才能吃饭，而星期天则要糊很长时间的盒子。像我们这样的家庭，都要靠糊洋火盒接济家庭的开销，这说明那时人们的生活水平多么低下。思想非常正统的叔祖父也无法顾及自己的脸面，容忍他的家人干这种低下营生，这足以说明我们家庭经济的窘迫。那个时候，我们多么盼望父亲能够回来。可是，通信中断多年，他在哪里呢？德国的战事那么惨烈，他还活着吗？众多悬念，流言飞语，如疑云密布，全家在庆幸抗战胜利之余，又陷入了沉重的疑惑和期盼之中。很明显，如果没有父亲，即便是抗战胜利了，我们家今后的日子也是很难维持下去的。但是，就在这时，一位亲戚忽然跑来说，他听到广播，父亲和一些留学生从德国启程回国，已经到达西贡了。那时候，收音机是稀罕的东西，我们家没有，听说了这个消息之后也没法核实，只能继续等待，真是望眼欲穿，寝食不安，度日如年。不记得过了多久，终于接到了父亲从南京寄来的信，说他已到了南京，但由于交通没有恢复还不能回济南。随信寄来了一点钱。在我的印象里，这点钱真好比久旱后的甘雨，全家喜出望外。后来知道，这点钱是他卖掉从瑞士带回来的一块金手表得来的。父亲后来对我说，他离开德国之后，曾经在瑞士做短时间的停留，大约有半年的时间，他和德国教授克恩（Kern）合作将中国的四书五经翻译成德文，得到了一些稿费。父亲用一半稿费买了两块表，剩下的留作路费。看来，父亲在德国十几年，是没有什么积蓄的，这说明他在那里生活并不富裕，也说明他不善理财。因此，当他踏上祖国土地的时候，手中竟然没钱，那又如何面对自己的家庭？于是他只有卖表这一个办法了。对于父亲这个只会念书，长期依赖家庭供养的人说来，这真是勉为其难。后来，父亲到北京大学任教，拿到薪水，按月给家里寄钱，我们家的生活才有了着落，他抚养家庭的义务才得以履行。这距日本投降已经一年多了。

自从得知父亲已经回到国内，我们家里就忙活起来。叔祖父自然是稳坐钓鱼台，声色不动。但是他说话多了，精神也振作起来。我姐姐和二姑的表现，我已经记不得了。只记得叔祖母和母亲特别忙碌。叔祖母成了整个迎接父亲活动的总调度。她要解决的问题很多，也很棘手。首先要为叔祖父戒烟。叔祖父吸大烟的历史很长了，戒起来很困难。可是现在无论如何也不能让他再吸下去了。他吸鸦片一直是我们家的一个沉重负担。叔祖母就是下不了决心让叔祖父戒烟。到了这个时候，不戒如何能行。经济上的负担是一个原因，更重要的是，叔祖父吸食鸦片，侄子回来了，怎么说得过去呢？在那个年代，家里的晚辈，包括自己的妻子，没人敢对一家之主的作为说三道四。家长在家里就是皇帝。叔祖父对自己的行为也毫无愧意。他可以躺在床上一边吸大烟一边教我读《孟子》，并不觉得有愧。可是，现在家里那么困难，自己又没有工作，留洋国外的侄子回来了，要拿着侄子的薪水去吸大烟，无论如何是说不过去的。所以到了这个时候，烟是非戒不可了。叔祖母说服了他。可怎么戒呢？叔祖母想出了一个很有人情味的办法，就是渐进法。她往烟土里掺代用品，逐渐减少纯鸦片的含量，估计用半年的时间就可以把烟戒掉。这样戒烟，人受的痛苦很小。叔祖母用几味中药熬制成膏子，掺在鸦片烟膏里让叔祖父试吸，效果很好。半年后，叔祖父吸的就全是中药膏了。可是要制成能够吸食的药膏，就得用大量的中药水，长时间地熬煮，才能做到。我记得，叔祖母几乎每天都在熬药膏，真是辛苦至极。我有时也帮点忙，抓药、煎熬，深知其中的难处。

另外，叔祖母对我说："你爸爸就要回来了。你搬到我们屋里来睡吧。"我当时 11 岁，并不明白这是为什么。在这以前，我一直和母亲睡在一起。叔祖母一向对我爱护备至，我对她的安排毫无异议。叔祖母还对我说："你妈可能会给你生个小弟弟。你要听话。"但过去一直和母亲睡在一起，这时要离开母亲去和叔祖父母睡在一个屋子里，我觉得很不适应，好像在过单身生活。

叔祖母安排人把父亲要住的北屋修饰一新，把院子打扫干净，花草修剪整齐，屋顶都加铺了新草，墙上新抹了麦穰糟泥，好像要办喜事一般。至于叔祖母本人，我只有她忙忙碌碌的印象，她内心是怎么想的我不清楚。因为十几年前，父亲正是为了躲避她和叔祖父的婚姻，而早早地离开了济南，以至于她从进了季家的家门就没有见过这个侄子。因此，她内心里可能会感到不踏实，正如后来父亲在他文章里写的那样，当她初次和父亲见面的时候，甚至不敢用正眼看父亲。实际上，父亲到北平以后，当了解到叔祖母在他出国期间为维持家庭立下大功的时候，就特别写信到济南，感谢叔祖母的辛劳，并称叔祖母是季家的“功臣”。这应该能够解除她对侄儿的疑虑。可是要和这个陌生的侄子见面，她对这个侄子将如何待她仍不免心存疑虑。我记得，叔祖母一再嘱咐我和姐姐要有礼貌，见了父亲的时候要叫“爸爸”，还专门给我们各做了一身新衣服。我们虽然进行了练习，可是叫起爸爸来还是感到不自然。一直到现在，我对叫爸爸仍然觉得别扭。

我记得，母亲在那个时刻并没有什么别样的表现，只是更加努力地干活。她在这个家庭里的天职就是干活：做饭、洗衣、打扫卫生、照料孩子，伺候饭局、烟局、牌局……没有人可以分享她的思虑和忧愁，没有人跟她谈心。十一年前，她和父亲就是那样的夫妻，现在比以前能更好些吗？父亲虽然回来了，也没有带回外国女人，可他现在成了博士、教授，他们还会像过去那样地生活下去吗？她没有那么高的文化水平，天生也没有那种佳女素质。她比较实际，妻子就是妻子，嫁鸡随鸡，嫁狗随狗，这对她来说是天经地义的。她和父亲没有根本矛盾，她配得上父亲，对得住父亲，十几年里她没做过对不住父亲的事。如此而已。至于感情，她从来没有感到这里面有什么问题。什么叫感情，什么叫爱情，她对这些没有太多的想法。她没有父亲那么高的学问，也没有父亲脑子里的那些现代化的情感。当然，她也有担心，那就是父亲会和过去一样待她呢，还是会有改善、改变？对此，她只能期待，准备着接受未来不可捉摸的日子。她需要做什么准备吗？不需要。她只有更加勤奋地干活。

就这样，迎接父亲的准备工作总算完成了。那期望已久的时刻就要来到了。

1947 年夏天，父亲乘飞机回到他阔别十一年的第二故乡——济南。当他乘坐的飞机从北平起飞的时候，济南家里的空气就凝固了。大家什么都不做，只等待着那一个时刻的到来。

一天中午过后，在大门外探风的热心人忽然跑进院子里喊道："来啦！来啦！"叔祖母急忙让我和姐姐到西屋廊檐下站好。我向前院二门方向望去，只见一个和照片上很相像的年轻人走了进来，留着洋头，身穿土黄色风衣，里面是西服领带，足下是皮鞋。当他走近我和姐姐站的地方的时候，我和姐姐便大声叫道："爸爸！"他好像没有亲吻或抱我们一下。之后，我们就被安排到别的房间去待着了。所以后来大人们之间发生的事，我就不得而知了。我想他一定要先见过叔祖父母，特别是叔祖母，但也不可能有什么磕头跪拜之类的仪式，不过伤心流泪恐怕是少不了的。至于我母亲，我没留意那时她在什么地方。是在人群后边站着还是忙着沏茶倒水，或者也在伤感悲戚，我已没有印象了。现在感到奇怪，我竟不记得那天的团圆饭是怎么吃的了。只记得那天晚上，父亲一直站在叔祖父的床前，恭立伺候，身上已经换上了长衫，但并没有说什么话。后来，叔祖父一挥手说："歇着去吧！"父亲才轻手轻脚地从屋里退出。此后每天晚上都是如此。这给我留下了深刻的印象。至于父亲怎么和母亲话说阔别之情，又是怎么度过分别十一年后的第一个夜晚的，我当然不得而知。但从母亲第二天那木讷的表情来看，那一夜恐怕并没有什么幸福可言。从那时起，父亲就演起了舍情求仁的悲剧来了。

父亲在济南走亲访友，应酬颇多，惊动了当时的山东省政府主席王耀武。他派人请父亲去他的官邸赴宴，表示欢迎他回山东工作。父亲那时已经当上了北京大学的教授和东语系主任，哪里会回山东。王耀武还派人给季家送来了面粉、白糖等礼品，他的车队惊动了二里长的佛山街，从此季家名声大振，远超过了“季课长”的时代。

空闲时父亲问我在哪个学校念书，几年级了，并爱抚地摸了摸我的头说：“怎么不把头发留起来？像个当兵的。”那时我是在正谊中学读书，父亲也在那里念过书，我们是校友。小学我们都上的是三和街小学，也是校友。我长得圆头圆脑，胖乎乎的，浑浑噩噩只知玩耍，对于功课很不上心。当时男孩子都是光头。如果谁留洋头（分头），那倒是一件出风头的事。可是父亲有令，我只得留起洋头，还照了个相片寄给他，才算了事。记得父亲在摸了我的头之后，立刻去水缸里打了一瓢水冲手，使我感到很新奇。但他从来没有亲过我或拉过我的手。

父亲给我和姐姐带来了礼物，是两支金笔。所谓金笔就是笔头含金、笔尖点铂金，算是贵重的东西了。我得到的是一支英雄牌的，姐姐那支的牌子记不得了。我们一直保存到高中的时候才舍得用。

给我的礼物还有一条皮腰带。那时，我们穿的都是中式裤子，用的是像一条绳子似的布腰带，裤子一勉，腰带一扎，就可以了。当时中式裤子上也没有腰带扣，父亲送的洋腰带派不上用场，只好搁在一边。姐姐应该也有另一件礼物，但我已经记不得是什么了。

父亲还做了一件独特的事情，那就是“大宴群雌”。按理说，离家十一载，博士、教授、主任头衔载满头上，腰包里的银子也鼓鼓的，对老家的朋友，也即所谓“狐朋狗友”，自然应当有所表示，设宴款待是必不可少的，何况我们季家又有侠的传统。可是父亲脑子里的男士却没有他认为值得宴请的对象。他决定只请女士，男士一概谢免。就这样，包括他最赞赏的“小姐姐”等在内的二十几位年轻女士被邀请到济南著名的聚丰德饭庄，觥筹交错，大快朵颐，当然，四姐“荷姐”也邀请了。十几年过去，四姐似乎对当年那一段未果情缘记忆犹新，不断地和父亲开玩笑，左一声“季大博士”，右一声“季大博士”，直叫得父亲内心产生凄凉之感，大呼“胡为来哉”。父亲大宴群雌的这一举动建立在他的一种看法上，他认为当时熟悉的男士不外是一群“少爷、姑爷、舅爷、师爷”，如此等等的人们，让他请这群人吃饭“脸上有点发红”，下不了决心。这不禁让我觉得，在这一点上，父亲竟和贾宝玉有点相似。

1948 年春节，父亲回济南过节。这次他发挥了点浪漫性格，从北平带回去的是暖房的黄瓜、香椿芽。黄瓜是一块大洋一条，香椿芽价格一定也不菲。这两样蔬菜在那个时候都是很稀罕、很贵重的。

我们全家在隆冬季节大吃具有济南风味的麻汁面，用坐飞机来到济南的鲜黄瓜、香椿芽做拌料，全家都感到很新奇，吃得非常高兴；唯独叔祖母觉得父亲带的都是华而不实的新鲜玩意，还不如多带点钱给家里好。哪知这正是父亲浪漫气质的一种表现。那时家里虽有父亲按时寄来的薪水，但日子仍然很紧。所以叔祖母这位家庭主持人想的主要是父亲能多给家里一点钱，而不是反季节的珍稀蔬菜。

这时，我的二姑已经嫁给了一位国民党军官，名叫常准基（号莱甫），山东牟平人。他是国民党第 20 集团军的上尉书记官，写得一手好字。叔祖母在他们的婚事上，倾注了极大心血，可以说把自己的心都掏出来了。可他们结婚后，却因一些琐事伤了叔祖母的心，从此反目，不相往来。随后他们搬出了我们家的四合院，独立门户。父亲尊重叔祖母的感情，一直未和他们来往，直到叔祖母去世多年才和他们见面。人间恩怨，如何理得清楚！

在我的记忆里，父亲回国后，我们家的生活稍稍宽裕和安定了一些。我和姐姐虽然感觉不到太多的父爱，但家庭的温馨和安定气氛更加浓厚了。我们都在念初中，每天早晨都能得到一点零花钱，可以到学校里的小吃摊子上买点零食，中饭也可以花一角钱在校门口小店里买一碗菜汤，吃从家里带来的馒头。这时母亲给我买了一双回力牌球鞋，那时就算最时髦的鞋了。当时还流行穿白布做的肥裤脚的裤子，就和曾经流行过的喇叭裤差不多，母亲也给我做了一条。穿上它们走路，那感觉就像要飘起来了。我喜欢游泳，就在正谊中学附近的大明湖里偷着学。叔祖母不准我下湖，每天放学回家，就用手指在我的胳膊上划一下，如果有白的痕迹，就是下过水了，就要挨骂。但我到家之前，总是先用唾沫把胳膊涂抹一遍，叔祖母就检查不出来了。相反，母亲支持我学游泳，还偷偷给我做了一条游泳裤。在这之前我都是光着屁股游的。

那一段时间，给我留下较深印象的是过旧历年的情形。家庭经济好转，一进腊月，首先是过腊八，煮腊八粥，接着家里就筹划着备办年货，总有一只猪和若干家禽被宰了酱起来，并且开始不断地做各种年菜，蒸馒头、包子、年糕。蒸好后放在大缸里在屋子外头自然冷冻着，要一直吃到正月十五以后，才能做新的。腊月二十四，灶王爷要向玉皇大帝汇报，二十三，灶王爷升天。所谓升天就是把在厨房里熏了一年的灶王爷的像取下来烧掉，还要给他扎制坐骑、轿子，准备路费，给他吃粘牙的辞灶糖（麦芽糖），让他张不开嘴，不能在玉皇大帝面前乱说乱道。这些事都由我来操办，我记得我用秫秸秆扎的马和轿子，真是漂亮极了。随后在除夕夜晚要请列祖列宗归位，先把平常放在屋子里的祖先的牌位请出来，把锦缎罩子取下，按辈分排好，摆上供品，供在我家的南屋里，然后在晚上将院子的大门打开，焚纸烧香，由叔祖父默呼祖宗归位。稍候片刻，即宣布先辈们已经进家。这时母亲曾对我说，那供桌两边的太师椅上已经坐着咱家的祖先，你不要再去坐。我年幼的心里顿时产生了一种阴森的感觉，一个人是不敢去那间屋子的。接着就进行正式的祭祀，无非是烧香磕头而已。过年的气氛要一直延续到正月十五。家人的忙碌，丰富的食品，彻底的玩乐，浓郁的、带有神秘色彩的过年气氛，给我留下深刻的印象，也使我品尝到家庭生活的温馨。没有父爱，但有了家庭的温馨，我的心灵绝没感到寂寞。可惜，这种时光没能维持太久。

1948 年，父亲回国才两年多，华北的形势剧变，北平被共产党的大军包围，当年秋季，解放济南的战役就打响了。

济南解放

1948年8月，解放军围困济南。9月中旬，解放济南的战役打响了。我家与在北平的父亲中断了联系，那个月他寄给家里的金圆券虽然到了济南的银行，可是已经取不出来了。济南战役打得十分惨烈。我家位处千佛山脚下济南南城外围子墙里的佛山街，号称南关地区，是攻城的必经之地。开始，我听到枪响炮鸣，十分好奇，便跑到街上去看。恰巧有几个人搀着一个女人从南营方向下来，只见那个女人的肚子已经开了花，肠子从里面掉了出来，鲜血直流，面色苍白。我吓得魂不附体，掉头跑回家去，不敢再到街上去看热闹了。考虑到我家的位置正是国民党军队集中的地方，很危险，为了保护我这个季家的唯一传人，叔祖母决定由叔祖父带着我到位于西关的大姑家避难，而我母亲则带着姐姐去城里的亲戚孙家避难，只留下叔祖母一人看家。我和叔祖父到了大姑家，她家的院子里已经住满了国民党军队，他们一边擦枪，一边为自己准备便装，准备逃跑的时候穿用。大姑家紧靠济南西城墙，上面已经布满了兵，地理位置比在南关的我家显得更危险。我们藏在临时挖成的地下掩体里，国民党的兵还是找到了我们，要用绳子把我们从城墙上送到城外去当靶子，阻挡解放军的攻击。他们看我是小孩，没挑选我，带走了大姑父。大战在即，气氛十分紧张，很快，叔祖母又来到大姑家接我们，因为她断定大姑家离城墙太近，不是妥善之地。所以我们只在大姑家待了一天。我记得叔祖母牵着我的手，后面跟着叔祖父，匆匆由西城往南关我们的住处转移。那时，济南城里已经成了一个大兵营。从城外撤进来的坦克车、装甲车、各式火炮已经排满了全部街道，根本无法移动，更谈不上作战了。军队更像罐头里的沙丁鱼，遍街皆是。祖孙三人专拣小路迂回而行，十分恐惧，花了两三个小时才走回到家。过了一两天，我母亲和姐姐感到城里并不是什么安全的地方，也回来了。经过南城门的时候，她们看到了南城门外战场的情形：死人、死马、炸毁烧毁的汽车，一片狼藉。经过战争环境下短暂的分离，全家人重又团聚，感到十分庆幸，觉得还是待在自己家里踏实，决心不再分开。

激烈的战斗开始后，我们一家人蜷缩在西屋堂屋的大桌子下面。堂屋里还有几位邻居来我家“借福”避难，藏在条几下面。入夜后，炮火大作，枪声密集，天空红如彩霞。忽听一声轰鸣，一颗炮弹在屋顶上爆炸。顿时尘土飞扬，硝烟弥漫。第二天观察发现，炮弹是正巧打在屋顶的一根梁柱上，在屋顶上面爆炸，梁柱被炸断，所以炸弹未能入室，再加上草屋顶里多年积攒的尘土飞起来窒息了火焰，才没有造成人员伤亡和引起大火。如果不是这样，炮弹会穿入屋内爆炸，我们全家和借地避难的邻居，恐怕会全部遇难，后果难以想象！父亲历尽劫难活着回来，假如我们都遭死难，哪里还有我们这一家的故事。这种事情真让人感到心惊肉跳，似乎冥冥之中确有神灵暗中保护，季家果然是福地，难怪邻居要到我们家来避难。大家虽然毫发未损地活了下来，但每个人都是七窍生灰，头部但凡有孔的部位，都充满了灰尘，口干舌燥，憋闷至极。西屋遭炮弹击中之后，我们全家又转移到南屋里，依然钻到大桌子底下躲避。但随后，叔祖母考虑到一家人不能集中在一起，就决定分为两处。我和叔祖父躲到西屋南面的一间屋里，叔祖母她们仍在南屋里躲避。叔祖父受不了在桌子底下的憋屈，炮火稀疏的时候就站在外面待着，但绝不允许我出去。我喊他钻进桌子下面，他说："没事，我年纪大了。"他平常很严肃，我觉得难以接近，这时对我有如此的爱护，使我深受感动。当时的情形至今我都记得清清楚楚。叔祖父母没有自己亲生的孩子，特别是男孩，但能把保护我们当作其神圣职责，使我铭记终生。我发誓要报答他们。

战争期间做饭吃水是大问题。我们家的挑水夫姓薛，是个光棍，我们都叫他薛掌柜的。平时住在附近的土地庙里，这时也到我们家避难。他趁白天战事不激烈的时候，去到附近一口井里打水。水又苦又涩，远不能与平时用的像甘露一般的泉水相比。用井水做出来的粥，也是苦的。面粉里则全是炮弹炸出来的细灰草屑。啃烙饼就咸菜就是我们的饭食，还要钻到桌子底下吃。一天下午，忽然有几个解放军战士，手持冲锋枪，头戴钢盔，满脸黑灰，进到我们家的院子里喊道："有人吗！都出来！"开始我们都不敢吭声，于是他们就走到我们藏身的屋子里，对我们说："我们是人民解放军。大家不要害怕。我们是来捉王耀武的，我们不打老百姓。"然后，他们问院子里有没有国民党军队。他们搜查了一遍，又对我们说，你们不要藏在桌子底下，没有防空洞，就找个墙角躲避，这样危险小。说完就退了出去。可是，我们仍觉得桌子底下安全，又都钻了进去。这是我们第一次见到解放军，跟过去听到的传言，说解放军都是红鼻子蓝眼睛、杀人不眨眼，完全不一样。我们第一次对解放军有了好感。又经过几天激烈的战斗，济南终于解放了。我们出去查看，发现我们左邻右舍的房屋几乎都被炸塌了，断壁残垣，空无一人。相比之下，我们家除了西屋顶上被炮弹炸出一个大洞外，房屋基本完整，真是庆幸。

解放后的济南，充满了清新的空气。"解放区的天是明朗的天……"的歌声洋溢泉城。可是由于北平还没有解放，父亲无法接济我们。我家的生活又陷入困境，靠出租房屋，叔祖母行医卖药，勉强维持生活。在我失学的那段时间里，我和二姑父在大门洞里开起了小商店，卖食品杂货，补助家庭开支。每天清晨，我和二姑父借了邻居张狠子（以卖煤炭为生）的地排车，长途跋涉到西城城顶去贩货。那里是批发市场，摊贩密集，人头攒动。有一次，我们正在买货，忽然空袭警报拉响，很快，国民党的轰炸机就飞了过来，且做俯冲，并丢下了一连串的炸弹。所幸炸弹在较远处爆炸，我们幸免于难。后来知道，这次轰炸，有一颗炸弹正好炸中了亨得利钟表店的楼房，从楼顶上直穿到底层爆炸。那天，亨得利钟表店正在为老板过生日，群朋云集，好友满座，这颗炸弹使他们死伤无数，还遭受巨大损失：店里的钟表被炸得四散飞扬，许多人去哄抢，造成极大的混乱。叔祖父对做小商小贩很不以为然，而且小铺子就开在自己居家的大门洞里，实在有伤大雅。他每次进出大门，对门洞里的小铺子不屑一顾，总是低头闭眼而过，特别对我整天在那里做小买卖不读书十分反感。可是为了生计，儒家的斯文也只好让它扫地，有什么话好说呢。叔祖母则半开玩笑地说他："满肚经纶书，不如一瓦刀。"叔祖父无可奈何，只能说："去，去。"

济南解放后，1949 年春，北平也解放了。父亲又寄钱回来了，家庭生活又逐渐恢复了正常。

平静的十三年

打从 1948 年济南解放，到 1962 年我叔祖母和母亲迁到北京与父亲团聚，这之间共有十三个年头。在这十三年里，我们家发生了极大的变化。父亲一直是在北京大学任教，按月往家里寄钱，暑假、寒假回来探亲。

我初中是在济南正谊中学念的，父亲也是在那里念的中学，我们是校友。那时有“破正谊，烂育英”的说法。父亲上正谊中学，是因为他过低地估计了自己的能力，不敢高攀济南一中，而我之所以上正谊中学，主要是因为交不起济南一中的学费。当我考上正谊中学的时候，父亲写信回来抱怨学校不好，质问为什么不上济南一中。叔祖父回信说，能上正谊中学已经不容易了，怎能一味攀比，何况学费也成问题。于是父亲不敢再持异议。我在正谊中学念了一年，那时济南还没解放，期间父亲和他的好朋友即正谊中学的校友张天麟到学校来做报告。同学们都集合在大操场上听讲。我不记得父亲讲了什么，只记得张天麟在台上慷慨激昂地讲话的情形。会后，我和父亲乘人力车回家，我坐在他的腿上，很得意，心里想，谁说“破正谊”，这不一下子出了两位名人吗！之后，我转学到省立师范学院附中，在那里念了一年，随后又转学去了济南一中，这满足了父亲的愿望，我也很得意。济南解放后，我仍在济南一中继续念高中，直到毕业。

在念高中的时候，我干了几件使父亲比较为难的事。我先是写信给他，要他给我改个名字。我不喜欢“延宗”这个名字。虽然我对叔祖父要我“延续宗祖”没有意见，但不愿意把这个光荣任务挂在名字上，宣告世人。可是我不知道祖辈给起的名字就是赐予，哪能随便改动！更何况让作为晚辈的父亲去改其叔父起的名字，这是很大的忌讳。父亲回信把我好好地教训了一顿，我的名字自然没有改成。但是，我并不甘心，暗下决心早晚要改。

接着，在抗美援朝时期，学校里号召青年参军，报考空军干部学校。我对当一名飞行员充满了憧憬，便没有征求家人的意见，悄悄地报了名。经过各项测试考核，我已经被初步选中，这时必须经过家长的同意才能正式录取。但是，当家里知道这件事后，全家人都反对，叔祖母果断地把我藏了起来，并让叔祖父写信给父亲。父亲很快回了信。我记得他说，独生子女不宜参军，干别的工作也可以为国家服务。学校领导到家里征求意见，自然没有获得同意。我被隐藏了半个多月，事情过去后才回学校上课，可是总觉得很不光彩。

后来我又给父亲写信，要他把我们全家接到北京去团聚。这个想法我早就有了，全家人其实也都这么想。这下可触动了父亲的痛处。他回了信，信封上就写着我的名字。我拆开后交给了叔祖父。父亲在信里说，他应尽孝道使家庭团聚，非不为也，实无能也。小孩子不明事理，不应胡思乱想。难道他不知道享受天伦之乐吗？叔祖父看了信后很不高兴，回信申斥父亲，说孩子不明事理，用意却善，应加鼓励，如不同意，应申明道理，不该意气用事，伤害孩子。父亲又立即回信自责，说自己年轻气盛，说话鲁莽，愿听叔父教诲。此事就此了结。可是我感到叔祖父是在支持我，事情虽没成功，但我心里却很有底气，特别是我还学会了一个词，就是“天伦之乐”。从那时候起，我便决心早晚要实现我们家的“天伦之乐”。

相比之下，我姐姐则没有这么多事，她只是安静地读书或自己悄悄地玩。她的功课成绩也比我好。所以父亲就比较喜欢她。

在政治上，不知为什么，我有了进步的要求。1951 年暑假，我参加学校组织的夏令营。夏令营就在济南城西商埠的一所学校里，离家并不算远，可是要住在那里，过集体生活，吃大锅饭。我第一次吃大锅饭，觉得饭菜的味道和家里的不一样，吃起来特别有劲。这是我第一次离开家庭，感到十分新鲜，可也十分想家。就在夏令营里，我被批准加入共产主义青年团。这件事家里并不知道。

1951 年，姐姐高中毕业，考入天津大学土木工程系；1952 年，我高中毕业，考入北京俄文专修学校（北京外国语大学俄语学院的前身）。我是去北京参加高考的，就住在父亲翠花胡同宿舍的堂屋里。翠花胡同那一所大宅院，当时是北大文科研究所，在历史上曾是明朝特务机关东厂的所在地。正门在南面，深宅大院，几层几进，不知道有多少院落。那时，大门开在翠花胡同路南一侧，其实是大院的后门，而父亲则住在从南面数第二个院落里的西屋里。白天大院里有人工作，到了晚上，灯光微暗，阴森恐怖，只有一个人在临街的门房里值班，绝少有人敢深入大院。父亲就住在这样的环境里，我感到非常惊讶。姐姐当时也来了北京一趟，在那里住了几天。我们目睹了父亲的孤独生活。父亲带我和姐姐吃过东来顺的涮肉和烧饼，喝过北京的豆汁，也在沙滩北大红楼外面的地摊上吃过豆腐脑和烙饼。除豆汁外，沙滩附近一家小饭馆做的猪油葱花饼和小米绿豆粥也给我留下了很深的印象。我记得，在父亲的住处，还有美国铁筒装的白砂糖，那恐怕是他在德国时的“战利品”，我很惊讶，他竟能保存到那个时候。有时，我就把砂糖夹在馒头里当饭吃。

我在北京就读的，学校位于宣武门内石驸马大街（现西城区的新文化街）西头的一所王府里。父亲则远在海淀中关村的北京大学工作。两地虽有公共交通，但很不方便，因此我们很少见面。他每个月通过邮局给我寄 15 元零用钱。因为当时学校免费供给伙食，所以作为零用钱，15 元这个数目也不算少了，在学校里我是“中农”，比上不足，比下有余。大部分钱我都用来买书，有时还接济困难的同学。每次父亲汇款，汇款单总附有短信，上面写着：“今寄去人民币 15 元，请查收。”仅此而已，再多的话是没有过的。我看了觉得很生分。在三年的时间里，我独自去中关村看过他若干次。他除了问我学校里都学些什么课程，认为科目太少之外，对我的学习、生活和今后的打算从不过问，我也不敢对他谈心里话。我感到，父亲对我一直很生疏、冷漠。在大学时，我曾对同班的一位女同学产生了单方面的恋情，在得知不可能之后，我就下定决心不再谈恋爱。这对学习十分有利，我终以优秀成绩毕业并被选为留苏生。毕业前有几位女同学追我，我都婉言谢绝了。

1955 年夏天，我和姐姐同时毕业。毕业前我被批准成为预备党员，分配到中国科学院近代物理研究所（后改为物理研究所、原子能研究所、高能物理研究所），姐姐被分配到第二机械工业部第二建筑设计院。其实，这两个单位当时都归二机部领导，都是从事原子弹研究制造的。我和姐姐都是被紧急调配来工作的。当时我们两个都已经被学校选定去苏联留学，可是只能服从国家的紧急需要，这样失去了去苏联留学的机会。如今想起来，感到非常遗憾。

1955 年夏初，叔祖父因患癌症病逝，那时我和姐姐都在学校参加毕业考试，家里没有通知我们。等我们毕业后回到济南，才知道这个情况。叔祖母告诉我叔祖父去世了，我感到非常惊讶，心里顿时感到极大的空虚。我看着那间空荡荡的房间，心想，我所敬畏的叔祖父哪里去了？活生生的一个人怎么就没了呢？这是我第一次经历家人的去世。心里的那种感觉真是难以形容。叔祖母和母亲见我愣愣的，便安慰说："不要难过。叔祖父病重的时候，常提到你们姐儿俩。"这时我才有要哭的冲动，但勉强抑制住，回到自己的房间后才放声痛哭。第二天，我便去叔祖父坟前奠祭。回想起我在大学念书的三年里，叔祖父经常给我写信，勉励我好好学习。我每逢寒暑假回家，都用节余的钱给家里人买点北京特产：茯苓饼、蜜饯果脯、糖耳朵、东来顺的烧饼等。叔祖父他们都觉得很新奇，也夸奖好吃。我心里感到很满足。可是有一年暑假，我参加学校组织的北戴河夏令营，把节余的钱花了，临回家的时候，没有钱给家里人买东西，我非常为难，只得向同学借钱，只买了一点很不成样子的东西。叔祖父不太赞成我加入共产党，他知道我要申请入党，写信说，君子群而不党。这是孔老夫子的教导，我那时候哪里听得进去。我还是入了党，并写信委婉地加以辩解，叔祖父后来再也没说什么。叔祖父写过很多诗，这些诗作虽然保存了下来，但没有成书。现在我手里存有叔祖父给我写的一篇字，上面写的是两首诗。据叔祖父讲，这都是纪晓岚的诗作。因为这些诗很有趣，我特意保存了下来。即便在纪晓岚热的现代，我也未发现有谁提到过这两首诗。现录在下面供大家欣赏。

其一，说有人姓黄，其同年给他请帖，误写为王，作此诗答之：

江夏琅琊未结盟，廿头三画最分明。
他家自属周吴郑，敝姓曾联顾孟平。

须向九秋寻菊有，莫从四月问瓜生。
右军若把庭坚换，辜负笼鹅道士情。

分析起来，纪晓岚当然不姓黄，只是替此位黄先生鸣不平而已。其二：

官阁官居久寄京，朝臣承宠出重城。
散心萧寺寻僧叙，闲戏花轩向晓晴。
情切慈亲催寸草，抛撇朋辈泛漂萍。
圣朝今日逢盛事，南蛮諆陌慕美名。

叔祖父对我说，这是因为朝廷里有南方的官员嘲笑纪晓岚是北方“侉子”，纪晓岚则反诘他们是“南蛮”，并说如果你们能用南方话把他作的这首诗念出来，就甘拜下风。结果，只听南蛮官员发出“gege……sisi……”的一片声响，却不知所云何意，大出了“南蛮”们的洋相。

1955 年下半年，我和姐姐都被分配到北京工作。拿到第一个月的工资之后，我觉得比每月的 15 元多出了很多，于是只留下饭费，剩下的全部给济南家里寄了回去。我开始实现报答叔祖母和母亲的心愿。后来我又因翻译俄语文章得到了许多稿费，也全部给家里寄了回去。此后我经常给家里寄钱，姐姐也是这样。那时，父亲虽然已经是大学正教授，但工资也不过一百多元，对家里的补贴有限。这样，在济南的叔祖母和母亲的生活便有了很大改善。其实她们并没有花多少钱，而是把钱存了起来。叔祖母想得远，她是为我们将来结婚攒钱呢。果然，我们结婚的戒指、被褥等用品都是叔祖母她们准备的。叔祖母还给我做了一件呢子大衣，我穿着它去上班，走起路来觉得轻飘飘的，很得同事羡慕。我们顾家，孝敬长辈；叔祖母她们也为我们考虑，每个人心里都是很温暖的。

我们姐弟俩参加工作，父亲给我们每人买了一块手表。他亲自带我们俩去王府井的亨得利钟表店挑选。当时，每块表一百多元，是个不小的数目。后来我自己又花了 27 元钱在内联升鞋店买了一双皮鞋，在当时，这已经是够奢侈的了。这是我平生穿的第一双皮鞋。这样，除了可以满足工作和日常生活的需要，也为找女朋友准备了物质条件。

在北京，我和姐姐经常相约在星期天去看父亲。我所工作的科学院近代物理研究所是中关村的第一个研究所。我的宿舍和父亲住的北大中关园公寓相距只有几百米，在我们的办公大楼楼顶上就能看见他住处的灯光。可平日里我从来没有一个人去看过他。姐姐住在马神庙的建筑设计院宿舍里。我们和父亲仍然很生疏，去看他的时候，谈的都是国家和天下大事，几乎没有谈过与家庭、个人有关的事情。我和姐姐感到很不舒服，也经常讨论如何才能改善这种状况，如何才能增进父子之间的感情，如何才能使父亲真正融入我们的家庭。我们特别担忧父亲和母亲的关系，觉得如果他们那种冷淡的关系长期继续下去，这个家恐怕就要瓦解了。当时，父亲一个人住在中关村的北大宿舍里，房间无人收拾，卧室朝北，窗户缝隙很大，吹进了很多灰尘，父亲就蜷曲着睡在床上，冬天更是寒冷。我和姐姐看了以后心里很不是滋味，又想到母亲和叔祖母两人也是孤苦伶仃地在济南生活，那为什么他们不能住在一起，互相照应呢？那时，我和姐姐就想让他们团聚。于是，我们决定从自己做起，尽量多与父亲接触，增进感情，然后增进他们之间的感情。也许我们做得不够，也许是父亲不肯敞开他的感情之门，我们的努力收效甚微。

一次，和我在一起工作的一位朋友问我："你爸爸有没有照相机，能不能借用一下？"我知道父亲出访印度时买了一架照相机，就答应去借。我没有勇气也不想去父亲住处讨借，就打电话去问。父亲在电话里冷冷地说："我的照相机不外借。"一句话说完就挂了电话。这使我十分懊丧，也很难向朋友解释。出于虚荣心，我编瞎话说相机借出去了。这件事给我的打击太大了，我写了一封长信，述说了我和姐姐对父亲的一肚子的意见。可是，思来想去，终究没有把信寄出去。事隔很久，父亲恐怕也觉得自己做得太绝情了，曾多次问我买一架相机要花多少钱，意思是想给我买一架。可我并不需要照相机，需要的是自行车，所以不想让他花这个钱，于是搪塞过去。后来我用一件毛哔叽大衣与我一位在苏联工作的同学交换了一架苏联相机。

一般说来，我和姐姐去看父亲，事前都要商量和父亲谈什么。把济南的两位亲人接到北京来是最重要和最难开口的事。一次，我和姐姐去看父亲，终于涉及全家在北京团聚的事，父亲竟直截了当地对我们说："我和你妈没有感情。"实际上是告诉我们，家庭团聚的事免谈。我们失望至极，此后有很长时间再没有涉及这个问题。

20 世纪 50 年代的中国，政治运动一个接着一个，哪里有时间谈论家庭的事。在三年困难时期，粮食不够吃，副食品极度匮乏，叔祖母和母亲在济南也是处于半饥饿状态，挣扎过活，这使我和姐姐很不忍心。我们吃不饱的时候，就想到她们也在挨饿，时时牵挂着她们。于是我和姐姐下决心旧话重提。这次我们一定要把叔祖母和母亲接来一起生活，如父亲不同意，就让她们和我住在一起。我们再也不能让叔祖母和母亲孤零零地在济南生活了，当然也不愿意再看着父亲过单身汉一般的生活。我们把这个想法对父亲说了。他未置可否。于是我便开始行动。我于 1961 年把叔祖母和母亲接到北京，就住在中关村我的宿舍里。我同时给北大校长陆平写了一封信，请求组织上批准将叔祖母和母亲的户口迁到北京，让她们和父亲团聚。陆平校长非常重视，很快就写报告给北京市委，彭真书记也迅速地批准了北大的报告。于是，叔祖母和母亲就回济南搬家，不久就到北京和父亲团聚了。我和姐姐的果断举动，实现了家庭的团聚，从后来发生的事来看，父亲对我和姐姐虽有不满，但并没有造成太大的冲突。

家庭从形式上来看是团聚了。叔祖母和母亲内心自然高兴，可是也并不踏实——她们能和父亲和睦相处吗？

季羡林安家

“季羡林把家人接来了！”这一新闻不胫而走，轰动了北京大学东语系，甚至整个北大。1962 年中国的政治气候非常适合父亲安家。北大领导对父亲安家非常关心，立刻在朗润园分给他一套四居室的公寓。东语系的工作人员，特别是李铮、徐淑燕夫妇，忙着买家具、布置屋子。买书柜是最重要的事，除此之外，他们还特地为父亲和母亲买了一张大双人弹簧床，在当时来说是很奢侈的。可是把大床布置好以后，父亲却很不高兴。他不愿意和母亲睡在一起，他要和母亲分开睡，并且他要独睡一室，否则他睡不着。这样一来，他们只好把双人床退掉，换成单人床，又把母亲的床安在客厅里，才算了事。我和姐姐看了这种情况很不舒服，很不理解，心里顿时感到一股寒意。之后，每当我们看到母亲孤单地睡在客厅，心里就有一种难以形容的滋味。为了不节外生枝，我们忍了下来，没有说什么。现在看来，夫妇在中年分室或分床而居也是人之常情，可那时候我和姐姐很难理解，母亲恐怕也难以接受，不过母亲一向逆来顺受，什么也没有说。有人建议我也搬过来和父亲他们住在一起。那时，我和姐姐都已经结婚，有了各自的家，我们都没有这种想法。父亲当然也不会有这种意思。后来，有人曾问父亲："为什么不让你的儿子和你住在一起，好照顾你们？"他嘿嘿一乐说，那根本是不可能的事。

新家就这样安置好了。父亲一家的新生活开始了。

我们家度过了1962年、1963年两年平静的生活。国家落实知识分子政策，给父亲家带来了相对的平静。父亲忙着他的著述和各种社会活动。对他来说，这是一个难得的机会。我和姐姐则开始为维护这个家庭默默努力。我们每个星期天都到北大家里去看望，干活，送东西。我们那时的工资只有几十块钱，父亲的工资则是我们的十多倍。我每个月都要给叔祖母和母亲一些零用钱，姐姐则给她们添置一些衣物。父亲每月给母亲一定数目的钱做生活费，要她记账，至于够不够，他不再问，因为他不肯再掏钱，母亲也不敢再向他要钱，缺了就拿自己的积蓄弥补。母亲常为此而为难。我和姐姐去北大的家，父亲是不拿钱出来的，都由我和姐姐贴补。我们如此顾家，引起了我爱人和姐夫的不满，这竟成了以后我们夫妻感情不和的原因之一。尽管如此，父亲一家的日子过得还是非常平静的。每个星期天中午，总有一顿团聚的午餐。我们还经常邀请李铮夫妇参加。其实，父亲有吝啬的一面，也有浪漫大方的一面。他每逢五一、十一、春节，总要邀请在北京舞蹈学院工作的我的五舅、舅妈和我们全家一起外出游玩，吃大餐。我们几乎玩遍了北京各处景点，如故宫、天坛、颐和园、动物园、大觉寺、樱桃沟、八达岭等，吃遍了多处著名餐馆，如东来顺、全聚德、萃华楼、莫斯科餐厅等。出外乘车很难，但大家游兴不减；就餐几乎要拼命才能占到座位，但能享受美味，其乐也浓。抢位子的任务非我莫属，虽然极为困难，但我奋不顾身，又稍施小计，总能成功。只要能吃到大餐，哪顾得上谦让。谦让是富裕的装饰品。

我和姐姐分别在 1959 年、1960 年结婚。可是直到 1962 年、1963 年、1964 年，我的儿子季泓、女儿季清、姐姐的儿子何巍才陆续出生。生育困难，原因大家可能想不到。那时全国闹饥荒，食品匮乏，人们处于半饥饿状态，妇女停经，男人乏力，怎么能够生育！有了第三代，全家都为此而欢欣忙碌的时候，中国的政治形势却发生了变化，父亲、姐姐和姐夫，我和我爱人都要去农村参加“四清”运动，孩子只好交给叔祖母和母亲照顾。平静的生活就要结束了。

“四清”运动

1964年秋，我到安徽六安参加“四清”运动。与其说参加，不如说去搞“四清”运动，因为这是自上而下发动的，我们是以工作队的形式由中央派到农村去搞运动的，整顿农村，锻炼自己。我们手持毛泽东亲手制定的“农村工作十四条”，去纠正刘少奇搞的“前十条”和王光美搞的“桃园经验”所产生的极左偏向。同时，我们仍然要通过“四清”去抓农村基层党组织里“走资本主义道路的当权派”，也就是所谓“走资派”。第一期，我被安排负责六安市城关大队的运动；第二期是去霍邱县枣林公社枣林大队，都是担任工作队的队长，农民们称呼我“季组长”。他们唱着“工作队下乡来，贫下中农笑颜开……”的歌曲迎接我们。经过“三同”（同吃、同住、同劳动），扎根串联，培养积极分子等工作过程，我了解到，当时农村的主要问题是极端贫困。造成当时农村极端贫困的原因，是所有制上走得太远了，在生产力十分低下的情况下，搞公社化，吃大锅饭，搞平均主义，“一平二调”（公社范围内实行平均分配，对生产队的劳力、财务无偿调拨），再加上强迫命令、瞎指挥，对农村生产力造成了灾难性的破坏，农民对此反应极为强烈。在“五风”（共产风、浮夸风、强迫命令风、瞎指挥风、干部特殊化风）齐刮的时候，农村粮食绝产，饿殍遍野，树木伐尽，百业凋零，真是惨不忍睹。我看到，在安徽农村散布在各处的居民点，没有一棵树木，土地荒芜，杂草丛生。据农民讲，所有的大树、古树都被砍伐一光，农民竟然对土地失去了兴趣。运动中，农民每每发言揭发所谓“走资派”的罪行，声泪俱下，其实所谈都是“五风”问题。可是，那时上级却明确规定，“五风”问题不准揭发。他们心里大概很清楚，那些事情正是在“走社派”领导下干的。搞了两期“四清”，又把农民“运动”了一番，在我负责的那两个大队里，根本没有挖出什么“走资派”，倒是解决了一些诸如男女关系等标准的人民内部矛盾。就这样，我们工作队基本上平安完成了“四清”任务。可是，正当我们要写总结结束工作的时候，上级忽然通知我们返回北京。有谁能预料，我们这些代表无产阶级政权去农村挖“走资派”的人，回到城里却变为被挖的对象，险些成了“走资派”。

长时间在农村，对我来说是很新鲜的事。六安地区本来是富庶地区，可是就在城关大队，农民依然不得温饱，只能维持“两稀一干”（早晚喝稀饭，中午吃干饭），统统就以辣子臭咸菜。所谓稀饭，是用很少的米熬成稀粥，最后加上一点碱面，看上去稠糊糊的，喝到肚里就都变成了水。我们在农民家里“同吃”，老百姓就做那么一锅粥，每人一碗，多了没有。饭后从驻地走到田间，路上撒泡尿，肚子里就唱起了空城计。熬到中午时分，几乎饿晕过去。所谓的干饭，虽然是干的，可数量极为有限，怎能吃得饱！老百姓的咸菜碗里，一般都有一块肥肉，每次吃饭蒸咸菜的时候，那块肥肉就流出来一点油。那块肉总是放在碗里，是不能动也不能吃的。通常吃饭的时候，老乡们也指着那块肉让你一让，可你千万不能当真。如果你馋了，把那块肉吃掉，那可就出洋相了。为此上级工作队还专门颁布纪律：谁要是把老乡家臭咸菜碗里那块肉吃了，就要受处分。顺便说一句，老乡家里的那臭咸菜，虽然臭，但味道十分好，吃过之后余味无穷，真叫一绝。回到北京后，我还一直向往能再尝到。后来，上级解除同吃的禁令，工作队可以起伙，也可以就近吃食堂。城关大队附近有一家屠宰场，我们就去他们那里搭伙。那个食堂有各种各样的肉食，特别是下水，且厨师烹调有术，让我们大饱口福。从此，我们消除了饥饿的威胁，可以集中精力抓“走资派”了。

我在城关大队，还交了一位小朋友，他是一个放牛娃，看着几头水牛。他常到工作队住的村小学来玩，对我们的手电筒、收音机很感兴趣。我则喜欢他本人和他放的水牛。一个休息日，他约我去和他放牛。他让我骑上了一头较老的水牛，向淠河走去。河对岸有大片的草地，很多牛都在那里吃草。河水不深，但几乎没过了水牛的背。他叫我一手牵着水牛的尾巴，一手抓住背上的鬃毛，慢慢地过了河。牛在那里自在地吃草，我则躺在淠河的沙滩上晒太阳、望天空，真是“今日得宽余”。可是，下午回到村里的时候，他和我开了一个小玩笑：他让我换骑一头小水牛，说它很听话，我不假思索地骑了上去，那头小牛立刻连跑带尥蹶子，一下就把我摔在了田里。他在旁边笑得弯了腰，然后友好地把我扶起来。我们的友谊，一直保持到工作队结束工作，临行前我把我的那个手电筒送给了他。

第二期“四清”是在霍邱县枣林公社枣林大队。那个大队的书记和队长都是标准的好人。书记面目慈祥和蔼，可大队长则生有一副凶恶的面孔，看上去使人不寒而栗。书记对我们说，别看大队长长得凶狠，可他是个再好不过的人。经过一段时间的接触，我觉得书记的话一点没有夸大，大队长的的确确是一位好人。运动结束时，也没发现他们有什么问题。在枣林大队，我（们）又结识了一位农民朋友。他是一个单身哑巴，身材魁梧高大，面目憨厚可亲，和我们一起住在大队部。那里没有床，他就睡在稻草堆里，没有被褥，遑论蚊帐。夜晚临睡前，点一把稻草，驱散蚊虫，如此而已。他白天劳动，夜晚守护大队部。就这样，他仍很乐观，脸上常带着憨厚的笑容。他知道我们是从北京来的，就伸出大拇指表示欢迎。他经常帮助我们，如到池塘取水，点火做饭，等等。我们见他生活条件太差，就凑钱给他买了一顶蚊帐、几件衣服，还经常邀他和我们一起吃饭。对他来说，吃饭问题已经解决，剩下最大的问题是娶媳妇。虽然我们体谅他，也经常用手语和他沟通，可是帮他找媳妇，对我们这些外来人而言，的确困难。所以，一直到“四清”结束，他仍然是光棍一条。在我们离开的时候，他含着泪水和我们告别。在以后的岁月里，我时常会想起这位朴实憨厚的哑巴农友，不知道他可找到了心上人？两期“四清”过后，农村已经显现出恢复的景象。在六安，人们可以不凭票证买到花生、香油、茶叶、猪肉、鸡蛋等这些在北京仍被视为珍品的东西，在饭馆里也能吃到廉价可口的饭菜。这倒不是“四清”运动的功劳，而是由于运动进行得不太激烈，农民得以喘息的缘故。

我和工作队的其他同志一样，每人拿着一张个人买的安徽竹席，还有地方上送的半斤六安瓜片茶、两斤花生米回到了北京。结果，一下车就受到了大字报的迎接，立刻从革别人命变成了革命对象。

干校生活

1969年底，我和姐姐都被下放到同一所“五七”干校，先是在湖北潜江，后来又搬到钟祥。关于“五七”干校，刚下去的时候，学员曾经有一段时间在不停地争论。当时有一种说法，干校是通向共产主义的金桥，是一条金光大道，要坚定地走下去，一直走到共产主义。大家的疑问是，既是金光大道，为什么留在城里的那些被认为是优秀分子的人不来走？难道他们就不要走向共产主义吗？要说备战，应该先保护那些留在城里的优秀分子，让他们先到三线农村来加以保护，等等。当然，这些问题都是不会有答案的。于是大家约定，不再争论，好好劳动。

潜江是位于汉水边的一个县城，是古时候云梦泽大湖区的一部分，后来湖水退去，才有了耕地，但几乎全是水田。过去湖区大部分都长满了荷花，荷花结子后无人采摘，莲蓬便落入水中，带壳的莲子比水重，就沉积在泥土里，所以水田里便积累了何止几千年的莲子。莲子的外壳干燥后呈褐色，坚硬且密不透水，如果没有外界的力量使它产生缝隙，水便永远渗不进去，莲子也就不能发芽，只能静静地躺在湖底，等待时机。我在水田里劳动的时候，发现一些刚刚发芽的莲子，都是因为被耕地的犁划破或被火烧焦外壳，莲子才得以萌芽的。荷花生子却又不让它们发芽繁殖，这个现象使我感到非常不解。荷花本身具有非常强的繁殖能力，不需要种子就可以用自己的根蔓延，繁衍生长。可是它又长了那么多莲蓬，里面又有那么多莲子，这是为什么呢？难道是为了奖赏人类吗？

我们居住的村子，水田里也有大量的莲子。秋季收成后，田里无水，每逢星期天我便去田里捡莲子，一天下来可以捡到一二斤。老百姓也捡，他们捡了是当作零食，特别是在秋收后，闲来无事，就把莲子在锅里炒熟，当干果吃，春节期间，莲子更成为家家户户的果品。我去捡莲子，纯粹出于好奇、好玩，却没想到二十几年以后，这些莲子却在北大朗润园的湖里得以复生，碧叶红花挤满全池，由此成就了一段播种荷花的佳话。“季荷”的故事由此而来。

在潜江，我们借宿在农民家里。我和另外三位同事住在一位公社干部家的堂屋里。潜江地区比较富裕，那时已经有很多砖瓦房了。他们见来了这么多中央的干部，不知北京发生了什么事，但绝对不相信我们有什么问题，不相信我们会在农村长期待下去。后来到了钟祥，干校占用的是一处极大的劳改农场。人员集中了，便于搞运动，于是阶级斗争就轰轰烈烈地搞了起来。除了劳动，阶级斗争的主要任务就是抓“五一六分子”。在军管会的领导下，运动越搞越离奇，后来竟至滑稽的地步。我是怀疑对象，撤了我的副连长职务，让我到食堂劳动，到群众中去参加斗争，和群众睡在一起，还给我成立了帮促小组。但是，我这个怀疑对象还没被攻下来，大队军管会的军代表自己却成了“五一六分子”，我们的连长也成了嫌疑犯。手掌清查“五一六分子”大权的层层军管会和各级以保守派自居的领导们，纷纷落马。整个干校乱了套。这个局面怎么收拾？正在这时，林彪事件发生了。这可给走投无路的运动提供了一个出路，说林彪是“五一六”反革命组织的总后台，大家便都去批林彪，万事大吉。当时，传达林彪事件成了一件机密大事，进行得极为神秘。传达会安排在远离驻地的大田中央，又把人分成三六九等，我被划在不能听传达的一类。可是每次传达结束，我都能立刻了解到详细内容。群众对那些煞有介事的做法早已看透了，他们不会再受愚弄了。

到了这个时候，干校已经变成休养所了。没有运动，没有斗争——还能斗谁呢——没有劳动，可又不能学习。大家便杀猪宰牛，尽情吃喝。说来奇怪，那时竟兴起了一股做木匠活的风潮。大家都自制了凿子、锯子、刨子等一整套木工工具，到属于神农架的大洪山里去买檀木来制造家具。每天吃过早饭，宿舍大房间里就变成了木工车间。我一直到现在也没想清楚，为什么造原子弹的科学家们对木工活情有独钟。我在食堂里当炊事员，于是也大展宏图，花样翻新地给大家做好吃的。红烧樱桃肉、香油葱花饼、五香酱牛肉等，真是逍遥自在，其乐无穷！食堂实际上成了干校的中心了。这样，曾誉为通向共产主义金桥的“五七”干校就寿终正寝了；这条所谓的金光大道已经走到头了。在刚来干校的时候，大家搞不懂，既然干校是通向共产主义的桥梁、金光大道，那为什么光我们走，那些留在城里的人却不走呢？现在大家才找到了答案：原来那是拿来忽悠人的，根本就不是那么回事。

我在干校是负责生产的副连长。我们干的活种类很多。农活从整地、育秧、插秧、放水、除草到收割、打稻，是一个完整的过程。此外，我们还制坯烧砖，开山取石，修建房屋。特别说一下我们建造的一种房屋，叫作“里生外熟”，当时被誉为一种创新，体现着社会主义的节俭精神。所谓“里生”，就是房屋的墙体里面那层砖用的是未经烧制的土坯，外面的那层用的是经过烧制的红砖。我们用这种办法为当地建了一所颇具规模的医院，谓之为地方做贡献。医院建成后，我们暂时住进去。湖北钟祥地区夏季多雨，雨水渗入内墙，生土坯就迅速瓦解。我见状十分担忧，估计用不了几场雨，内墙就会坍塌，整幢房屋将轰然倒下，后果不堪设想。好在我们回北京的时候，惨剧还没有发生，但我一直念着那些建筑，但愿我们给地方所做的贡献不要造成惨剧。如果能及时觉察，将房屋拆掉，或许那些砖瓦还有些用处。

我和姐姐在干校的时候，三个孩子都在北大父亲家，由叔祖母和母亲照管。他们三个在一起，玩得很开心。一天，三个孩子去北大西校门附近玩耍。不知是哪一个提议，要从石桥外侧走过桥去。何巍自告奋勇第一个走，但只走了几步，就掉到水池里去了。季泓和季清见势不妙，拔腿就往家跑，去喊叔祖母她们来救。13 公寓离西校门少说也有一公里远，哪能来得及！幸亏，一位路过的老师不顾自身危险，把何巍救了上来。等到叔祖母赶来时，何巍像一只落汤鸡般站在那里发傻。叔祖母感谢了救起何巍的那位老师，自己却惊吓得几乎昏了过去。姐姐的独生儿子免了一劫，可叔祖母却经历了一大劫。

干校生活结束，我们又回到了北京。我们家又团聚了。

故乡之行

暴风骤雨过去，父亲动了思乡之情。他自打从德国回来，还一直没有机会回清平老家看看。在经历了众多政治运动后，他想起了老家。1973 年暑假，叔祖母先行去济南，随后父亲、母亲、我和两个孩子一行五人，回到了祖籍山东省清平县的官庄。我们从德州下火车，然后乘长途汽车，到清平下车，便有村上的驴拉的板车来接。这是我第一次到祖籍探望，那一马平川的黄土地，稀稀拉拉的树木，无精打采的庄稼，黄土砌成的矮房，那就是我们季家的原籍，就是我们的根。到了村里，我看到祖父卖剩下的那五间瓦房，那是在当地政府特别关照下保留下来的，已经破旧得不能住人了。我还看到小时候父亲站在里面躲避母亲追打的水塘，捡枣吃的枣林。我们下榻的屋子是三间别人家准备结婚用的新房。这时村里的老百姓呼啦啦地全来了。门外场地上站满了人，真是人山人海。从穿着上看，他们是十分贫穷的。绝大多数的小孩，都光着腚，赤条条地围拢在那里。他们的脸色又黄又黑，毫无光泽。他们把我们当成天外来客，犹如动物园里的珍稀动物，终日围观，不肯散去。他们为我们睡觉的床上装上了蚊帐，可是满屋的跳蚤却使我们大受其苦。父亲带着我们去祖父母坟上磕头，会见他的妹妹季香和其他很多亲戚朋友。他小时候的哑巴朋友还在，两个人比画着说了一阵。父亲和他的妹妹、亲人和老乡之间虽然亲情浓厚，可是他们之间也存在着一个巨大的鸿沟。日积月累，沧桑巨变，天上地下，怎么说得完，说得清楚。他们谈了很多，但是更多的是激动。村支书从全村搜集来一些肉、蔬菜，招待我们。他们包的水饺，馅是用带皮的肉丁做的，味道鲜美极了。他们做了一个烧茄干，其味道之美，风味之殊，真是一绝。我惊叹民间竟能有如此令人叫绝的烹调手艺。在吃饭的时候，父亲屡屡让他的妹妹吃菜，可她低着头一个劲地说："俺不吃呢。"几天内，我没见她动过一次筷子。对此，我感到十分压抑。那时正是夏季，村里的孩子大都不穿衣服。我给他们照相，眼前站着的是一大群赤身裸体的孩子，就像到了非洲原始部落。父亲曾从北京给村里寄过很多书。这时一看，连书的影子都没有了。据说有的用去卷了烟，有的擦了屁股。父亲感到很惋惜，随后就再也不寄书了。可是后来父亲还是为家乡建立了图书馆和小学。在大官庄的几天，父亲的心情很好，兴致勃勃。他曾试着去井里打水，别人替他把水打上来，可他又挑不起来，只好作罢。

离开大官庄，我们又去了济南。济南是我们的第二故乡。叔祖父购置的那座四合院仍在，只不过东南北三房经过社会主义改造，早已由别的人家居住，只剩下西屋由二姑的儿子住着。于是我们便都挤在那里。父亲会见了许多朋友。那时，大姑父弭菊田、姑母季惠林、二姑父、二姑，以及彭家的几位舅舅、舅母，姨父母等都还在世，聚会的气氛很热烈。经历二十几年的风风雨雨，大家居然还能活着相见，心中很是激动。父亲和我们一起游览了千佛山、大明湖、趵突泉、黑虎泉等名胜，品尝了济南特有的饭食：甜沫、油粉、油旋、烧饼果子、小笼蒸包、虾子茭白、蒲菜包子……父亲、四舅、我和孩子们还专程去洛口镇看黄河。那河依然宽阔，流淌的依然是那浑浊浓稠的黄泥水。那座有名的跨河铁路大桥，依然矗立在河上。我们沿河走去，正巧看到一位渔民捉到了一条十几斤重的大鲤鱼。黄河鲤鱼誉满天下，父亲慷慨解囊，花五元钱把鱼买下，雇车回家，请我的三舅掌勺，一鱼多吃，好好地品尝了一通。我还带着儿子、女儿去黑虎泉游泳。那泉水依然从三个石虎头中汹涌流出，流进一个方池，水声轰鸣，远传数里，和我幼年在那里游泳时的情形完全相同。那水温度很低，约在 14 摄氏度左右，在里面游泳感到很冷。果然，第二天在回北京的火车上，两个小家伙都发起烧来。

这次回济南，唯一不愉快的是有关翻建济南房屋的事。经过社会主义改造，济南的那座四合院，属于我们家的只剩下五间西房了，多年失修，已经摇摇欲坠，非修不可了。叔祖母思虑一向颇远，想把济南的房屋翻建一下，作为后方基地，以备不时之需。可是，父亲却没有那个打算，那时他经济上并不宽裕，在建房的事上不是很情愿。此前他已经点过头，也拿出了一点钱买砖买瓦，但到济南以后又改变了主意。他认为买材料花钱多了，翻盖了房子又没有用处，于是不肯再出钱，甚至对叔祖母有所怀疑。这使叔祖母很为难，心里极不痛快。母亲和我私下里也不满父亲的做法。这件事就这样搁置下来。后来落实房改政策，政府又把整个院子还给了我们家。不过很快，整座院子就被拆除，改建成居民小区了。到此，我们在济南的家即已不复存在。

故乡之行后，父亲偷偷地翻译起《罗摩衍那》。我则在所里组织起外语学习班。奇怪的是，那时科研工作仍然不能搞，于是大家就学起外语来。没有英语教材，我就冒着风险从北京师范学院（今首都师范大学）借来英国出版的《灵格风》（*Linguaphone*）唱片和书，想请上海唱片厂出版。当时还没有录音带，只有唱片。经与上海唱片厂联系，他们要求出具革委会的一封信，声明如因出版《灵格风》而散布了资产阶级思想使学习者中毒概由推荐人负责。我去找所革委会，所革委会则要我承担推荐人的责任，我也没多加思考，便答应下来，拿到了那封推荐信。这样，上海唱片厂才出版了那套英语教材，包括唱片和书。后来又发行了录音带。这套英语教材的出版，不仅解决了我们所的教材问题，更极大地推动了全国的英语学习。有了这个榜样，接下来诸如《英语900句》之类的教材、书籍便大量地出版了。这个故事恐怕是第一次披露，现在想起来，那时人们思想受束缚的严重程度真是匪夷所思。有了教材，我在所里就办起了初级、中级、高级三个英语班，后来又办了日语班。我请英语好的科学家当老师，我来编教材。三个班的教材由我一个人编，刻蜡版、打字、油印，放录音统统一个人干。那时所里的科研工作还没恢复，大家把时间都用来学外语，整个所成了一个外语学校，而我实际上就是校长，心里颇为得意。

接下来，我被任命为高能物理研究所图书情报室主任、科研计划处处长。在这些岗位上，我参与了向党中央写报告、请求制定发展高能物理的规划的工作。1974 年原子能所改称高能物理所。我又积极活动为高能所争取到新的所址（玉泉路原科大校址），建设起了具有良好阅读条件的图书馆和装备良好的实验室，改扩建了职工宿舍。经过七八年持续、坚定的努力，国家终于批准了建设高能物理预制研究基地的计划，并在玉泉路建成了高能加速器预制研究基地。国家还把高能物理列入中美建交后首批科研合作项目，开始了与美国的五大国家高能实验室的合作。这项合作一直延续到今天。经过努力，高能所于 1987 年建成了北京正负电子对撞机，我因有贡献，被授予特等奖。

从 1973 年到 1979 年，中国一系列重大事件使人目不暇接，给了中国人民一个喘息的机会。有人说，科学界拨乱反正，不应以发展高能物理为急务，要以国民经济的急需为前提，要上国民经济主战场，要发展应用科学，一切为了生产。这话有一定道理。应用科学应该发展，基础科学也应该发展，不能偏废。但是，那时为什么突出发展了高能物理呢？原因很简单，就是高能物理界有一批积极分子，他们抓住了中国在后“文革”时期要谋发展的历史机遇，及时地提出了具体的发展计划和规划，争取到了中国政府的批准，又在李政道等爱国华裔科学家的帮助下，成功地借助中美合作的力量，理智地调整了目标过高的建设方案，较快地找到了适合中国国情的具体建设计划，接着又一鼓作气，用预计的四年时间，建成了具有国际水平的北京正负电子对撞机，使高能物理这一基础学科在中国这片科学贫瘠的土地上生了苗、扎下了根。这个时候，国家对整个科学的发展还处在规划实施的初级阶段。可以说，高能物理的发展，是占了时间靠前的便宜，打了一场漂亮的时间差战役。这难道不是合乎逻辑的正确发展之路吗？在对撞机建设的一头一尾，邓小平两次率全体中央领导人亲临现场奠基剪彩，并提出“科学技术是第一生产力”“中国必须在世界高科技领域占有一席之地”的伟大论断。到这个时候，高能物理的示范促进作用就十分明显了，也没有人反对它的发展了。相反，谁要发展，就要像高能物理界学习，不是把力量用来反对别的学科的发展，而是要具体地提出自己学科的发展计划，抓住发展机会，实现自己的目标。毕竟反对别人发展，不等于自己就能发展。

出使美国

1979 年 8 月，为了执行中美两国高能物理合作议定书，我被派往美国芝加哥费米国家实验室担任中方驻美合作办公室主任，副主任是陆震，译员是孙静渊。我们的任务是与美国能源部下属五大国家实验室合作，具体落实合作项目的实施，采购设备仪器，管理中方派去的科技人员。我们还享有许多特权：能带出和支配购买仪器设备的相当数量的外汇；可以在大使馆以外设立办公室和居住点；可以购买办公用的汽车；可以在美国各地任意旅行（美国对中国的人员有限制，但我们不予理会）；可以与美国人民、华侨，以及各国旅美人士交往，包括当时所谓的“苏修”人员，去他们家做客（但不允许留宿），等等。我们利用这些方便加快了工作进程，了解了大量国外科技教育的有关情况，对国内的工作提出了许多建议和意见。我写的大量报告，对于国内了解国外情况、开阔视野、纠正误解帮助很大。

我们在美国也经历了一些有趣的事。刚到美国时，我们觉得那里的天空比较蓝，日光比较强烈，就有感慨：美国的月亮不比中国的圆，可美国的太阳要比中国的亮。我们刚到芝加哥，就去芝加哥第一国民银行办理存款手续。到了主楼大厅，工作人员见我们是中国人，就把我们支到附近一个小储蓄所去，由一位女士接待我们。当我们把一张200万美元的汇票交给她时，她吃惊地看着我们，说不出话来，询问后，立刻把我们带到了位于主楼高层中国部的办公室。部主任立刻接见我们，随后董事长也接见了我们，中午还设宴欢迎。第一国民银行是当时唯一与中国大陆有业务关系的银行。他们看到与中国的业务有新的进展，很高兴，热情地与我们攀谈，午后指定专人为我们办理各项手续。办事的那位银行职员是他们的形象大使，年轻英俊，银行各种宣传材料上印的全是他的照片。他细致周到地为我们办完各种手续，毫不犹豫地给我们办了信用卡，并征求一次付款的最高额度，他建议定为5000美元。他对我们说，银行可以为我们代购大剧院的票、赛马票，可以派人陪我们去湖边大道的高级商店采购，可以让我们参观他们的金库……我们受宠若惊。那时，我们每人每月才有不到20美元的零用钱，怎能奢望那些事情！遗憾的是，我们始终没去参观他们的金库。

刚到美国不久，就遇到一件意外事件。我们在芝加哥费米实验室访问的四位学者，在从纽约返回芝加哥的高速公路上出了车祸，均受重伤。当时我正在旧金山斯坦福直线加速器中心开会，接到使馆通知后，立刻飞往出事地点。我到达时，受伤的学者已经被直升机送往当地医院。我立即赶去看望，四位伤员已经被安置妥当。那是一所县级医院，设备十分完备先进，服务态度也很好。一位受伤的学者告诉我，护士小姐的呵护，使他们受宠若惊，竟有难以受用的感觉。说话间，一位年轻护士前来查看，她逐个询问，言语温柔，动作精心轻细，真是体贴入微，让人感动。四位学者还因此事故结识了一位华侨医生，为了节约花费，他们在住了几天院后，就应邀到医生家里去疗养。那位医生的住处位于远郊湖边，十分宽敞、幽静，伤者因而得到很好的恢复。刚到美国不久的四位学者，因而体会到同胞的关爱之情。

我们办公室的任务十分繁重。开始时有三个人，后来孙静渊老师回国，就只剩下我和陆震两个人了。要管理约二百位访问学者，接待几十个代表团，访问许多实验室，参加各种学术会议，购买大量的仪器设备，再加上与美国各界人士的交际，真是忙得不亦乐乎。但是，我们没有辱没使命，出色地完成了任务，受到了各方好评。我个人乐观、豁达、实干、有效的作风，更是受到美国官方和科技人员的赞赏。他们很欣赏我的个人魅力，对我爽朗的笑容和英俊的长相厚爱有加，私下把我评为费米实验室的美男子，公开拿我和他们的费米小姐相媲美。

在费米实验室的时候，最令美国朋友感兴趣的事是参加我们举行的招待会。我们去美国没有带厨师，可是我们的科研人员，特别是我们的工人师傅，都有高超的烹调手艺，陆震同志更是艺冠群雄。

在他的带领下，举办一个招待会，操办一二十桌饭菜易如反掌，不用说小型的，就连一二百人的大型宴会，也不在话下。美国朋友最喜欢的中国饭菜是：炸春卷、水饺、麻汁凉面、宫保鸡丁、油焖大虾、香葱炒蟹等。他们对中国的一些特别食品非常好奇，但又非常顾忌，不敢尝试。譬如松花蛋，英文名字叫千年蛋，那浓黑的颜色和怪怪的气味，使他们望而生畏。中国名贵的海参，也是他们不能接受的。我问过一些美国朋友为什么害怕吃海参，他们也说不清楚，只说海参样子像虫子，吃起来像吃橡胶，到嘴里以后到处乱钻，无法控制。至于炸臭豆腐、臭豆腐乳等异味食品，连听介绍都不乐意，更不用说尝试了。因为中国烹饪享有盛名，在费米实验室的中国科学家又手艺超群，所以费米实验室的美国朋友，特别是他们的夫人们，都以出席中国的招待会为一大乐趣。每当我们举行招待会，他们总是兴高采烈地盛装出席。许多到过中国访问的夫人，都穿着用中国丝绸制作的衣服，花团锦簇，喜气洋洋，给招待会增添了欢乐气氛。

有趣的是，一些华裔科学家，对去美国的中国访问学者，各有一套接待办法。有一位科学家接待刚到美国的男性访问学者，统统做三件事：一是请吃一餐美国牛排；二是请他们看《花花公子》杂志（*Playboy*），那时还没有《花花女郎》（*Playgirl*）；三是请他们看一场 ××× 级的电影。他的用意是很明显的，那就是堵住你的嘴，静下你的心。我不知道那些学者的感受和反应如何。我有过一次被这位科学家邀请去品尝美式牛排的经历。他驱车十几英里，到一家典型的专营牛排的美国餐馆去就餐。那餐馆的牛排足有一斤重，烤得半生不熟，用刀切的时候，还鲜血直流。另外，餐盘里还有一个用锡纸包裹着的烤熟了的大土豆，旁边放着一大堆奶油，让你夹在土豆里吃。除这一道主菜，当然还有沙拉、汤、水果和以冰激凌为主的甜食。当我吃完了沙拉，喝过汤，再去吃那硕大的牛排，已经感到一种恐惧——让人如何吃得下去！我只好将一大半牛排剩在盘子里，好在那位科学家并不在意，因为他的本意并不是要我吃完，只不过是向我展示美国食品的风采，给我打打预防针，让我不要贪食而已。随后的水果，特别是量大得惊人的冰激凌，几乎把我打倒。不过，虽然有这位科学家善意而实际的预防措施，不久后我还是如同许多刚去美国的学者一样犯了贪食的错误，因消化不良而住进了医院。至于《花花公子》和 ××× 级的电影，倒不是这位科学家请我看的。不过，从后来的事实看，他这样煞费苦心也没起到警示作用。犯事的倒不是我，但确有人在。

还有一件事值得一说，那就是如何处理李政道和杨振宁两位先生的关系。国内领导交代，对二位先生要一碗水端平，都要尊重，都要联系。大家知道，李、杨二位常常意见不合。如果只是在某一个问题上有不同意见，也好处理。然而，他们二位几乎在所有涉及国内的事务上都有不同意见，特别在发展国内高能物理、建造高能加速器问题上态度更是相左。这增加了我在美国处事的难度。所以，一有事情，我必须既要走访李政道先生，又要走访杨振宁先生。因此，我不得不经常去纽约拜见李政道先生，又要从纽约长途驱车去长岛的石溪拜见杨振宁先生。这使我吃尽了长途奔波之苦。好在，这可以使我有机会和两位优秀的物理学家接触，近距离体味他们的风采，这也是我的幸运之处。

在美国，短短的两年多时间，我们的活动丰富多彩。我曾经代表中国大陆来的访问学者，出席芝加哥华人新春团拜大会，发表致辞，使华侨们十分兴奋和骄傲。我们曾集体参观过一家典型的美国农场。一对不久前大学毕业的年轻夫妇经营着那家农场，员工不超过十人，却饲养了一千头猪，几十头奶牛，种植了几十公顷的土地，使我们叹为观止。我们还参加过美国朋友的各种集会活动，到各样的人家做客，甚至也去过教堂和美国朋友一起做礼拜，等等。总之，两年多的时间里，我们完成了任务，交了朋友，开了眼界，增长了见识。其中最重要的是改变了许多美国朋友对中国的误解。他们说，过去听说中国共产党怎么怎么坏，可他们派来的人一个个都非常友好、有礼貌、有知识，可见那些说法都是不对的。由于工作的关系，我和费米实验室业务处的秘书克雷默太太（Hazel Cramer）成了至交。克雷默太太对中国访问学者十分友好，关心备至。在她办公室的屏风上，张贴着所有中国学者的照片，每一位中国学者遇到问题，她都热情地给予帮助。她还经常为中国学者举办生日聚会，经常邀请中国学者到她家去做客。她亲手烹制典型的美国食品招待大家，她炸制的鸡腿是最受欢迎的食品之一。克雷默太太的丈夫是阿贡国家实验室的一位工程师，为人十分憨厚，说一口清晰标准的美式英语，表达简练，用词通俗，这使孙静渊老师非常赞赏。他们没有生育小孩，后来我的儿子到美国念大学，就住在她家里，成了他们的干儿子。我们之间的友谊一直保持到现在，成为中美两国民间友谊的一个例证。除克雷默太太外，我还和费米实验室的许多朋友建立了友情，即便在我回国以后，我们一直都保持着联系。在其他四个国家实验室，如布鲁克黑文、斯坦福、阿贡、劳伦斯实验室也有我的很多朋友。

值得一提的是，我们和在美的华侨也建立了非常友好的关系。由于当时两岸关系尚处在紧张阶段，在美华人世界截然分成两派，亲大陆派和亲台湾派。亲大陆派华人，眼见中国与美国建交，进行科学和经济建设，颇有自豪感，对大陆派去的这些优秀学者十分友好，关怀备至。几乎每一个有大陆学者的国家实验室所在地附近的华侨，都和大陆学者建立了亲密无间的友好关系，平时关怀不断，假日请大陆学者到家中做客，或出外旅游。我们驻美办公室根据国家的政策，并不对亲台湾派的华侨持敌对态度，容忍他们的一些过激行为，受到了他们的好评。

我特别想说一说和芝加哥一位郭姓华侨家庭的友谊故事。这个郭姓家庭本是福建省籍，父亲早年由于生活所迫，移民去了缅甸，在那里只身奋斗，以浇铸生铁锅起家，建立起一个颇具规模的制造企业。他生有五个子女，前四个是男孩，末一个是女孩。男孩都受到良好的教育，有很好的工作。女儿年少，正在读书。20 世纪 70 年代末，缅甸的政治形势对他们这样的家庭十分不利，于是他们决定移民美国。我不知道他们为此付出了多大精力，花费了多少钱财。我于 1979 年到美国的时候，他们一家除父亲仍留守缅甸外，都已经来到美国安顿下来。有一天，我到超市采购，迎面走来一位老太太和一位年轻女孩，她们推着购物车，缓慢行走。我们相对而视，心照不宣，知道都是中国人，便攀谈起来。女孩自我介绍，她名叫应宝，美国名字是 Molly，姓郭，美国话念作 Kay，大概是福建发音。她说她刚从缅甸过来，正在读大学，她的哥哥们都在加州，因此在芝加哥就只有她们母女二人，颇觉寂寞，见到中国人倍感亲切，于是便和我以及其他中国学者们相约互相来往走动。此后，她们母女二人经常到我们在费米实验室的住处做客，也邀请我们去她家做客。一来二往，就成了很熟悉的朋友。Molly 年轻、天真，虽不能说是美女，但也有几分姿色，颇有一些吸引力。她爱谈话，说起话来滔滔不绝，还颇有见地。她学习努力，成绩很好。她的母亲是一位典型的中国传统式的妇女，为人和蔼，勤劳，热爱自己的孩子们和家庭。但是没过多久，她们母女就迁去洛杉矶，和 Molly 的哥哥们会合去了。不久，我也完成使命回国。此后虽然我们仍一直保持着联系，她和母亲也来中国看望过我和其他中国朋友们，可是那几年她遭遇到的事情却令人欷歔不已。先是父母给她在缅甸找了一个对象，并把这位年轻人弄到美国，由 Molly 供他上大学。可是这位年轻人是一位纨绔子弟，不好好念书，还挥霍无度，经常打骂她。后来 Molly 实在无法忍受，和他断绝了关系，Molly 精神上受到了很大打击。随后，Molly 又和一位医生结婚，没有多久婚姻又告破裂。婚姻的不幸，使这位天真、淳朴的女孩备受痛苦，像我这样的好朋友，对此深感同情。在我回国后，她和母亲曾经到北京来旅游，看望他们的中国朋友，特别是我。我后来也曾去美国洛杉矶看望过她们。后来由于某些原因，我们失去了联系，但至今我仍然怀念着她，想和她重新建立联系，了解她的生活状况。

万万没想到，2014 年 8 月 15 日，也就是这本书第一版出版近五年后，她突然打电话给我说她已经来到北京，住在高能物理所的招待所。我简直不敢相信自己的耳朵。第二天晚上，我接她到我中关村的家中稍坐。她已经变成一位老太太了，满头银发，面容苍老，与当年相比，真是天上地下，令人难以接受。她告诉我，她已经退休，独自生活，母亲已于 2010 年去世，哥哥们都好。这一次的不期而遇，使我受到很大刺激。我，当然也已是满头银发，老态龙钟。回想当年在美以及回国后和她的交往，令人感慨时光之易逝，沧桑之易变，人生之倏忽。

由于高能计划的调整，我们的办公室于 1981 年 10 月关闭，我们遂打道回国。回国的飞机上，坐在我旁边的是一位美国妇女，她正率领一个代表团去中国访问。她问我："你认为中国要用多长时间才能达到美国现在的水平？”我说：“100 年。”她很不情愿地说：“噢，不。但愿用不了那么长时间。”这是她的良好愿望和善意。从那时到现在，已经过去二十多年，中国有了快速的发展，但要实现赶上美国的目标，还需不懈努力。

一回到国内，我又一次受到源自派性的打击，陷入了挨整的境地。我再一次经历炼狱。

在高科中心

中国高等科学技术中心（CCAST），是由李政道先生倡议，由意大利世界实验室和中国科学院于 1986 年联合建立的。

改革开放初期，中国的基础科学研究严重落后于世界先进水平，重要的问题是信息不畅、设备不足，激励机制没有建立，科研人员从事基础研究的积极性没有得到发挥。为了解决这些问题，李政道和时任中科院院长的周光召商定成立一个机构，借助世界实验室的资金支持，首先促进国内物理学基础研究。这个中心就是后来定名为“中国高等科学技术中心”（China Center of Advanced Science and Technology，CCAST）的民间科研机构。世界实验室（World Laboratory）又名“国际科学文化中心”（The International Centre for Scientific Culture），是由世界著名科学家狄拉克（P.A.M. Dirac）、卡皮查（P. Kapitza）和齐基基（A. Zichichi）倡议建立的国际非政府性机构，由意大利政府出资。

李政道特别强调，建立的这个中心一定要具有世界水平，不受行政和学术流派干涉，要有宽松的研究环境，要面向基础科学研究。中心除配备了当时国内少有的计算机、办公室、图书室等设备并免费供全国有关研究人员使用外，还规定凡是以中心的名义发表论文的科学家，都可从中心领到一笔数百美元的奖金；凡是被选作中心学术委员的学者，每年都可以领到5000美元的津贴。中心还赞助各种学术会议，提供会场及各种设施，赞助与会人员的旅费、餐费、住宿费；中心资助课题研究，凡通过评议获得课题资助的，30%的课题费用可由课题负责人自主支配，等等。所有这一切规定，大大刺激和鼓励了全国各有关科研人员的积极性，不少科研人员因此而脱了贫，不但研究条件改善了，生活水平也提高了。不少科技人员，用得到的津贴购买了第一台冰箱、洗衣机等家用电器，改善了家庭的伙食。有的说，由于中心的鼓励，他们的科研成果大大增多，一年之内便成了万元户。这样的中心在国内受到欢迎是很自然的。

中心成立后，举办了一系列国际学术研讨会，把世界最前沿的科技研究信息带到了中国，大大促进了国内基础和应用研究的开展。

我1997年到中心来工作。主要任务是搞文字工作，身份是中心顾问。期间，我翻译了大量李政道先生的学术论文和一般论文，起草了大量文件和文稿，最主要的是参与编辑和出版了《李政道文选》共8卷，我主要负责科学和人文卷的编辑工作。这些文集都已经由上海科技出版社出版。另外，我还利用工作闲暇时间，撰写了《李政道传》。撰写《李政道传》，是因为我觉得李政道先生是一位天才的理论物理学家、爱国者，他的事迹对我们来说具有很大的启示意义，可是那时没有一部较详细的传记供大家阅读。我写他的传记，虽有力不从心的感觉，但也聊胜于无，如此而已。我写他的传记，坚持客观公正的立场，绝不做代言人，也绝不是为了炒作。李、杨不合是历史事实，不能回避，大家应该历史地、客观地、冷静地去看待。书出版以后，受到了读者们的关注，大家评价良好，对此我颇感欣慰。

我在中国高等科学技术中心工作到 2009 年 4 月。在这期间，工作是很愉快和繁忙的。我在退休之后，能继续工作十二年，一方面是受到李政道先生的垂青，一方面也是机遇。我很庆幸，我一直工作到 74 岁才基本上算退休，虽然仍然有很多的事情要做。

在中心工作期间，值得一提的一件事是，李政道和杨振宁就宇称不守恒定律的发现又展开了争论。这场争论最早发生于 20 世纪 60 年代初期，这是众所周知的。后来争论逐渐平息，当然并不是因为有什么结论，只是争论者双方以及世界物理学界都心照不宣而已。那么，在争论平息那么多年之后，为什么又战火重燃？从表面上看，这归之于 2002 年台湾出版的一本蒋才健写的《杨振宁传》。李政道认为，蒋著受杨振宁的指使，故意对争论的事实加以曲解并对他进行人身攻击，而杨振宁这样做，是想迷糊不甚了解情况的中文读者。李政道对杨振宁十分愤怒，对蒋才健也极为不满，决心反驳。李政道知道，他们的这一争论在历史上留下了不光彩的记录，他也不愿旧事重提，可是树欲静而风不止，有什么办法？！真理一定要捍卫，事实不能歪曲和篡改。于是他采取答记者问的方式，对此事表示了自己的态度。然后，他又将历史上有关此次争论的文献编辑成书，在香港和内地出版，以正视听。由于杨振宁高挂免战牌，这新一轮的争论也就此了结。

有关此事的详细叙述，可参见我写的《李政道传》。

我和李政道先生从 20 世纪 70 年代末就开始共事，一直到 2009 年，前后三十余年，中间基本没有间断。通过近距离的接触，我感觉他真是一位奇才。他极端聪明，极端刻苦，又身逢物理发展史上的重大机遇，所以他能成为一位成功的、伟大的物理学家。他的先天条件和后天的机遇，都是任何人无法追求和模仿的。他除了在物理学方面具有极高的天赋外，还是一位多才多艺的人，他能绘画、能作诗、能写书法，他更能烹调，也热爱此道。另外，他是一位崇高的爱国者，他为祖国做了大量的事情，为祖国科技事业的发展做出了很大的贡献。

风暴前夕

“文革”结束，改革开放的大潮兴起，我们季家也在发生着变化。首先，我从一个科研工作管理者变成了科技开发公司的经理，这事虽然新鲜，父亲尚能接受，因为那总是为国家服务嘛。但出国热随之而来，他三个孙子辈的孩子都出国去了。先是孙子季泓去美国读大学，接着孙女季清去澳大利亚，之后又去了美国读书、工作，最后外孙何巍去了加拿大。对孩子们的出国，父亲基本上都不赞成，只对季泓去美国念大学表示认可。他对移民国外更不以为然，甚至鄙视。但是面对这个潮流，他也毫无办法，无力挽此狂澜。面对许多事情，他虽有不少牢骚和不满，但没有因此而浮躁，他头脑清楚，心有主见。既然自己管不了那么多事，当务之急还是要抓紧把自己的事情办好。因为从自己的处境考虑，这时他有可能也应该抓紧时间做自己的事情了。那时的他，从“资产阶级反动权威”和“不可接触者”，变成了学术大师、“极可接触者”，各方面的环境对他说来真是有生以来最好的。他不能辜负这种变化。于是他孜孜不倦地在学术上耕耘起来。他仍坚持清晨四时起床就开始工作的老习惯，在朗润园里最早点亮灯光。他继续撰写《糖史》，恢复散文的写作，参加各种社会活动，社会地位和学术地位日见其高。他之所以能这样做，家庭的和睦是极为重要的条件。家庭的事务全由叔祖母和母亲承担，他享受着饭来张口、衣来伸手的待遇。由于他的书多，没地方搁，学校给他增加了一个单元的住房。我替他把那个单元的凉台封起来，这样等于又多了一间小书房。父亲经常坐在那里写作，下雨时在那里聆听雨点打在铁皮顶棚上的声音，发忧国忧民的感慨，优哉游哉。我和姐姐一如既往按时于星期天来家探视，带来各种食物和日用品，从事家务劳作。姐姐则依旧为三位老人添置衣物鞋袜。一般我们到了北大家里，放下东西就干活，打扫卫生，清洗衣裳，做饭做菜。每个星期天的中午，必然有一次聚会，多数情况下，依旧请李铮夫妇参加。偶尔，父亲拿出一些钱，让我们去买点冷荤，以壮餐色。我们还把楼前的一块空地收拾成一个小花园，扎上竹篱笆，栽上各种花草。我特地从四季青公社买来了一株玉兰树种在父亲书房的窗前。那时，这株玉兰树是北大校园里唯一的一棵，每逢春季花开，大家都来观赏，成了朗润园的一景。有一年，小花园里长出了一棵丝瓜，竟神奇地爬上了三楼，结了很多丝瓜。这使父亲大感兴奋，于是写下了《神奇的丝瓜》一文。这时，我的叔祖母和母亲都很健康，叔祖母负责采购，每天清晨推着小车去小合作社采购，回来的时候车子里放满了蔬菜之类的食品，从弯曲的小路慢慢地走来，邻居们见了都热情地招呼，这也成了朗润园里的一景。我母亲则在家操持家务，做饭洗衣，也很忙碌。她对公益事业很热心，曾一度担任过居委会的什么工作，常常在外边开会。这个时期我们家的生活平静而和谐，成为朗润园里的佳话。大家都羡慕父亲有这么和谐的家。可是，谁也没想到，和谐平静的背后，却隐藏着季家的危机。

父亲和我们之间实际上仍然存在隔阂。我们和他可以谈天说地，论古道今，可就是谈不了心里话，交流不了感情。大家表面上一团和气，可内心里却隔着一堵墙。这堵墙是我们家的先天条件造成的。这种先天不足的情况是很难改变的。先天不足，是我们家不幸的根源。我们觉得父亲有点自外于家人，他对外人，不管是谁，一律和蔼可亲，平易近人，但对家里人，总有点冷若冰霜，对我们，包括孩子们的事，一律不闻不问。我们的要求或许过分，父亲或许没有那个精力和心思去过问这些事？可是，难道不能表示一点关心吗？我们觉得，父亲过分吝啬，还有些怪毛病。譬如，他不许姐姐用自来水拖地、刷厕所；不同意买洗衣机、电冰箱、抽油烟机等家用电器；不让给他换洗衣服、床单，说衣服没等穿坏就洗坏了。其实这里面有一层原因就是舍不得用水、花钱。我们只得从门前的湖里打水，涮拖把拖地、洗厕所。姐姐只好把大件的衣物拿回自己家里用洗衣机洗。父亲还不让打扫他的房间，不让给他的房间透气，所以我们总是趁他不在家的时候，把他的卧室的窗户、门打开透气，估计他差不多快回来了就把窗户和门关上。父亲还有储藏东西的习惯，别人送的茶叶、食品等物品，他一律收到自己的屋里长期保存，偶尔拿出来请大家品尝，不是生了虫子，就是变了质。父亲爱书如命。他的书我们从来不敢借阅，偶尔翻看也会遭到白眼。他爱书到了六亲不认的地步。他有一个原则，据说是从鲁迅那里学来的：图书一律不外借，不管是谁，都不能把书借走。因为他和鲁迅一样有过教训，有人把书借走，就不还回来。特别是多部头而且重要的书籍，少了一本无法补充，实在令人惋惜。于是他也采取那样的办法，必要时给借书的人买一本赠送之。有一次，孙女季清向他借一本《安徒生童话》，遭到拒绝，心里十分不满，下决心再也不去北大爷爷家了。可是没多久，父亲竟让孙子季泓给季清送了一本《安徒生童话》过去，说是特为季清买的。季清因而非常感动，重新又去爷爷家了。我们说，这样的原则虽然无可非议，但在执行上则显得过于死板，容易对人特别是小孩造成伤害。另外，父亲节电成癖，一家人在屋里谈天，他进去就把电灯和电视关掉，让大家不知所措。他还有一个怪论，当谈到买房子的时候，他竟说，买房子能买到什么，四面墙、一层地板和一层天花板，哪一个是属于你的？所以他从来不打算买房。我们听了也只好一笑了之。他的这种看法，到后来也给他带来了问题，这是后话。

不知道从什么时候开始，据一位传记作者说，是从 1978 年开始，父亲对猫产生了兴趣，我们家开始养起猫来了，但据我的记忆，这要晚许多年。父亲原来非常讨厌猫。在和田德望夫妇一起住的时候，田奶奶先知先觉地发现猫似乎对人有安慰作用，率先养起了猫。那只猫却成了父亲不共戴天的仇敌，他见了就打，只把那只猫吓得不敢出屋。我叔祖母和母亲不喜欢猫，主要原因是她们没有那个心情，或说闲情逸致。她们要做的事情太多了，哪里有精力去养猫？父亲和她们不一样，他比较早发现从猫身上可以找到感情的寄托。他发现，猫能够不加掩饰地和人亲近，不加掩饰地任意作为，跟猫打交道比跟人打交道心态要舒服得多。有一只猫和他亲近，能够多多少少地减轻他感情上的孤独感。当然，父亲不会亲自去饲养猫，买鱼、蒸饭、拌食、打扫粪便等诸多事情，都是由两位老太太来操持。她们感到非常劳累。当然，父亲有时也额外拿出一点钱，让阿姨去买猫食，并指明要买猪肝、牛肉。东西买回来后，他把猪肝、牛肉切成小方块，像马戏团的驯兽师一样不时给猫喂一块，所以猫就能够跟着父亲散步。父亲对猫儿的细心呵护、宽大纵容，使得这个小动物和父亲的关系极为密切。它可以在他的书稿上撒尿，可以在他头上作威作福，那几张有名的照片，就是这个时候拍的。父亲如此爱猫，叔祖母不好反对，可母亲就有点胆大包天了。她手持苍蝇拍，见猫就打。我外甥何巍更是猫的宿敌。他和猫结下了不共戴天的仇恨。平时他在屋里走动，手里总要拿着一根棍子，否则冷不防猫就给他光着的脚上一爪，直抓得皮破血流。每天何巍下班，他的自行车刚走到北大东门，13 公寓父亲家里的猫就躁动不安，满屋乱跑，嘴里发出呜呜的吼声。这时父亲就会说，何巍要回来了。果然没多会儿，何巍就回来了。后来，父亲养猫的数量越来越多。更有人投其所好，不断送猫给父亲。养猫的数量从一只增加到几只，最多的时候竟达到八只，真是一发不可收拾。父亲不让猫进他的卧室和书房，因为它们会在那里胡作非为。父亲爱猫，不让猫外出，让它们都待在家里，晚上则把猫都放到叔祖母和母亲睡觉的屋里。老太太睡觉很晚，清早四点多钟，猫又要去会父亲，老太太要给猫开门，所以很难得到休息。在猫发情的时候，几只猫彻夜鸣叫，撕心裂肺，实在忍无可忍。后来，我把猫都送到医院动了手术，才解决了这个问题。

有一次，猫妈妈生了小猫却没有奶水，父亲就要我买鲫鱼熬汤给它催奶，还让我买牛奶来喂小猫。这次我没能从命。那时候，我为了家里的各种事情已经忙得够呛，感到非常劳累，哪里还有精力去伺候猫？另外，父亲对猫如此关爱，我们都感到很不满意，觉得如果父亲能将对猫的关怀用一点到家人身上，我们家人之间的感情恐怕会更深一点。父亲既然能与猫建立如此深厚的感情，为什么不能和自己的亲人建立更深的感情呢？养猫之后，父亲家里跳蚤、虱子成群，猫毛遍地，屎尿味弥漫全屋，真是令人难以容忍！有一次，我下班回到家，刚进屋就觉得腿脚热乎乎的。那时是夏天，裤袜都单薄。我一看，只见裤腿和鞋上爬满了跳蚤，竟然成了黑乎乎的一片。我大惊失色，赶快买来几瓶杀虫剂，将整个屋里喷洒一遍。后来发现，沙发的各个缝隙里也长满了猫虱子，客人来后让人家坐在上面，实在不妥。阿姨的床上也有许多虱子。于是就进行了彻底的清除，忙了一整天。就这样，养猫成了我们家的一大祸害。虽然父亲从猫身上得到了乐趣和安慰，可我们因为养猫却受到了极大的烦扰，养猫使我们大家吃了不少苦头。养猫在父亲和那些不了解情况的人的笔下，成了富有诗意和颇具浪漫色彩的趣事，我们家人看了那些文章、照片，无论如何也觉不出有什么浪漫和有趣，倒是有一种说不出来的复杂感觉。于是，父亲对猫越喜爱，我们对猫就越反感。对猫的态度，成了我们家划分“阶级阵线”的标准。父亲也觉察出我们对养猫态度冷淡甚至反感，曾诙谐地对我说，我们家里人在对猫的态度上可以分成左中右三派。叔祖母、母亲、姐姐和何巍是左派，我是中间派，他则是特别爱猫的右派。不过，话又说回来，有了猫，父亲在感情上找到了慰藉，虽然我们家人有所付出，也都容忍了下来。

日月推移，岁月不饶人。20 世纪 80 年代末，两位老太太的年纪都很高了。她们除了维持一天三餐，已经没有力气再干别的活了。我母亲的腿有病，这时已经不能出门了。外出买菜、买猫食等事只能由叔祖母来做。上面说到，朗润园的居民总能看到，每天都有一位老态龙钟的老太太推着一个小车，上面放着许多蔬菜之类的东西，慢慢地从通往小合作社的幽静的小路上走来，在文人的笔下这的确又是一景。岂不知年近九十的叔祖母是在多么大的责任感的支持下强撑着这么做的。叔祖母和母亲渐渐无力再支撑这个家了。她们在家里已经互相交过权了：先是母亲把财政大权（生活费、饭票等）交给了叔祖母，随后叔祖母又交回了母亲。她们连这点权都无力执掌了。我们发现，冰箱里的剩菜剩饭都发臭了，她们没有精力去清理；家里的清洁卫生没人去做，衣物没有人去洗，室内没人整理，脏乱异常……我和姐姐商量，这种情况不能再继续下去了，家里一定要请人帮忙了。于是我俩提出，由我们出钱请一位阿姨。父亲听了之后，沉着脸说："请阿姨干什么？我能倒垃圾。"说完就不再理会。一段时间之后，我们看着实在不行了，每日两顿饭几乎都做不出来了。我和姐姐决心不理会父亲的态度，从济南请了一位阿姨，暂时解决燃眉之急。从那时到后来，我们前后一共请过将近二十位阿姨。每当一位阿姨要走，家里立刻发生危机，只得由我和姐姐请假回家值班。父亲不同意请阿姨，在他看来，家里的活，叔祖母、母亲再加上他都还能干。后来才知道，他心里还有更奇怪的想法，他认为我和姐姐想请阿姨是为了解脱我们自己，为了叔祖母和母亲，而不是为了他，所以他就不出工资。我姐姐说："教授真'独'！"（意思是吝啬、小气、只顾个人。）说来也怪，他不同意请阿姨，可是阿姨来了，他对她们比对我和姐姐都好，对有的阿姨的关心甚至超出了对我和姐姐的关心。从山东来的小莹，很会说话，因而颇得父亲的欢心。她常对父亲说："您是我的佛祖，我要侍候您到老。之后我就出家当尼姑去。"于是父亲十分感动，竟至流泪。

父亲从来没有招呼我和姐姐休息，却对小莹关心备至。后来小莹回家结婚去了，父亲还给她写了很动情的信。我和姐姐累死累活地为家操劳，从来没得到任何类似话语的安慰。有一次，姐姐正在收拾屋子，父亲从书房出来见水龙头开得太大，过去就给关上了，姐姐十分生气，对我说："我要和教授摊牌。"我急忙制止，劝姐姐克制。可是，以后又发生了许多事，使姐姐一直没有放弃和父亲摊牌的打算。

改革开放时期的季家，总的说来，是平静的、和谐的。其中原因，倒正是符合父亲在其杂文里的说法，就是要"容忍"和"真情"。事实上，不光是我们容忍了，不光是我们付出了真情，父亲也一定是在容忍，一定也付出了真情。不过父亲所容忍的，恐怕正是我们、是我们这些人组成的这个家庭。可以说，他的容忍或牺牲要比我们的大，他的方式就是另寻寄托，譬如寄托在猫的身上。而我们则充满了对他的抱怨。

改革开放初期，许多事令人无法适应。孙女季清大学刚毕业，在一家外企工作，每月仅饭费补贴就超过了爷爷这位大教授的工资。这使父亲的心里非常不平衡。在诸如此类的事情刺激下，父亲写了一些散文，《论消费》是其中一篇。知识不值钱，知识分子不值钱，学术职称贬值，"教授满街走，讲师多如狗"，他借用民间顺口溜发泄自己的义愤。但是说归说，这些事情并没有影响父亲的工作，他抓住这难得的历史机遇，在已是八十高龄的时候，开始了学术生涯的冲刺阶段。他把主要精力放在自己的著述上，每天“爬格子”不止，刻苦地工作。这满足了他要工作的急切心情，也能赚得一些稿费。尽管他的心理还是不平衡，但他要把丧失了的二十几年时间补回来，只好排除杂念，努力著述，因为他觉得，留给他的时间已经不多了，而要做的事情还有很多。

可惜好景不长，生活似乎不会让人稍觉称心如意——平静、和谐、温馨的生活就要结束，我们家就要发生巨大变化了。

季家主心骨“老祖”之死

叔祖母，我们都称她为“老祖”，是我们家最受尊敬的人。她的的确确是一位女强人。是她支撑着季家度过了八年抗战的艰苦岁月，是她同母亲一起伴随着父亲度过了十几年暴风骤雨的时期，伺候父亲享受了十几年的平静生活。她爱憎分明，性格倔强，在社会大动荡面前沉稳坚定，深明大义。她没有自己的亲生儿女，可她把季家的所有成员都当成亲人，把全身心都献给了季家。她对父亲尊敬有加，从不以长辈自居，从不把自己的意愿强加给父亲，对父亲唯命是从。她看人，多根据自己的直觉，但一般都很准确。对父亲周围的人，谁优谁劣，她看得清清楚楚。她特别赞赏李铮夫妇，认为他们是忠厚老实的人，因而待他们如家人一般。

除了平常的家务事外，老祖每年一定要为家人做这么几件事：春季挖荠菜，包荠菜馅混饨；端午节包粽子；秋冬季腌制各种咸菜；春节的时候做酥菜，或者叫作打酥锅。关于荠菜馅混饨，父亲在他的散文里已有描述。每年初春，大地回暖，万物复苏，备受人们热爱的野荠菜先声萌发，为人们准备好了一年最早的美食。每当这个时节，叔祖母就携了小篮，拿着小铲，在校园后部的山包荒地里寻找和挖掘荠菜，有时候也去圆明园。午饭或者晚饭时，就总有鲜美可口的荠菜馅馄饨上桌。父亲和我们全家都得以享受那特有的野菜清香。

叔祖母的拿手好戏是包粽子。她包的粽子，无论是小枣的、豆沙的，还是咸肉的，样样可口。粽子吃起来可口，包起来却不容易。叔祖母手持粽叶，用牙齿咬着绳子的一头，只需几绕就灵巧地把塞满糯米的粽子捆好。这既需要技巧，也需要力气。要知道那时她嘴里已经全是假牙了，包那么多粽子要费多大的力气呀。我曾经跟她去学这个手艺，想帮她的忙，可是学了好多次总是学不会。那线总是缠不紧，米总是装不满，粽子总是松松垮垮，不能成形。她生命的最后一个年头的端午节，也就是她九十高龄的那个端午节，她照常准备包粽子。我见她十分吃力，就劝她不要包了。她带着她那一贯坚毅又和蔼的神情，冲我笑了笑，继续艰难地包下去。我在吃粽子的时候，心里感到非常压抑和悲伤。这是我最后一次品尝老祖包的粽子。秋天，老祖总是及时地腌制雪里蕻，并把最好吃的菜头和嫩杆用麻油拌好，在吃饭的时候摆在父亲的面前。一年两鲜，春天荠菜，秋天雪里蕻，父亲快活似神仙。可是又有谁知道其中的辛苦和温情呢？设身处地地想想，我们对老祖有过这样的关爱吗？

春节的时候，叔祖母做的酥菜又是一绝。所谓酥菜，是我们济南的地方菜，是用醋来烧制蔬菜、肉类，诸如海带、藕、胡萝卜、黄花菜、大白菜，以及猪肉、鱼等。这样的酥菜，在春节期间特别受欢迎。叔祖母制作酥菜，不光我们家人可以享受，李铮夫妇以及左邻右舍都能沾光。除了包粽子一项，这些菜的制作，我都掌握了，并且在叔祖母去世之后年年都做。我还打算把这些手艺传给后代。我已经把制作方法告诉了何巍，但他还没有动手做过。季泓和季清似乎对这些事不感兴趣。看来我们这几项传家手艺大有失传的危险。现在每年春节，我都做酥菜，主要是为了纪念老祖。

老祖性格刚毅，几十年的烟瘾，说戒就戒。头十几天，面色苍白，十分难过，但她默默地咬牙挺过，没有反复。戒烟治好了她的气管炎，让她能活到九十岁。她十分节俭，我和姐姐给她的零用钱，差不多都添补到家用里去了。我没见她给自己买过一点东西。她没有好的衣服，没有手表，更没有贵重物品。姐姐给她买了一床毛毯，她一直不舍得盖。她睡觉的床是一张木板床，父亲承诺替她换张软床，可直到老祖去世，也没拿出钱来。老祖的腿脚感到发僵，很想让我给她按摩，我虽然也替她按摩了，但是没能让她减轻痛苦。假如我能更体贴一些，或许找个按摩大夫，会做得更好。我深深感到，在许多地方有愧于老祖。老祖和母亲大概在她们六七十岁的时候，就悄悄地为自己准备了寿衣。她们在制作的时候，我和姐姐看到了。她们就冲我们笑笑，说：“早一点准备，省得你们麻烦。”民间也有一种说法，生前准备寿衣寿材，可以消难冲灾，增加寿限。她们这样做，或许也有这个意图。这说明，她们二位在面对人生共同的结果上是多么豁达。

1989 年春节，大年初二（2 月 7 日）照例是我们季家与亲友聚会的日子。那天，我们全家、五舅家、李铮家都来了。十几个人的饭菜都由我和姐姐准备、操持，非常辛苦。我们分两桌吃火锅，热气腾腾，气氛热烈，共贺春节，同时也为老祖祝贺九十岁生日。父亲从来没有专门给老祖过过生日，这次也是借春节的光。午饭前，她已经觉得难以支撑，勉强吃过午饭后，就明显地感到不舒服。她躺在床上昏昏欲睡，自此一蹶不振，住院后二十一天，也就是 2 月 28 日，就因肾功能衰竭而与世长辞。她在医院的时候，我日夜陪护，晚上就睡在她病床边。有一天她显得特别清醒，对我说："我的床头柜里有两张纸（指存单，只有二百元钱，是她的全部积蓄），你要收起来。"我说："明白。你会好的，好了咱就回家。"她朝我笑笑，茫然地望望窗外，再也没说什么。第二天她就去世了。现在想来，前一天的表现应该就是所谓的"回光返照"吧。她去世之后，医院里没有人管后事的处理，是我和姐姐把她的遗体从医院三楼沿楼旁狭窄的消防楼梯抬下楼的。我比较有力气，可姐姐体力较弱，在抬的时候，非常吃力，在楼梯转弯处，她几乎撑持不住。之所以如此，是因为医院的人为了某种忌讳，不让使用电梯，不让走较为宽阔的楼梯。叔祖母把她的一生贡献给季家，她没有亏心的事。要说有挂心的事，就是她亲手拉扯大的重孙子季泓。那时他正在美国勤工俭学。老祖没有提起他，怕我伤心。老祖在医院期间，父亲一次也没有去看过。父亲肯定知道大事不妙，他心情沉重，寡言少语，一个劲儿地往图书馆跑。老祖去世后他也没有任何表示，没送鲜花，没有挽联，当然也没有去参加告别仪式，后来倒是有了一篇散文。或许老祖的去世给父亲敲起了警钟：他觉得他的时日也不多了，要抓紧分分秒秒。或许他认为任何表示都是没有意义的。他是现实主义者。我想不太明白。

父亲对老祖的态度，应该说是尊敬的，可是并没有达到他自己说的“非常尊敬”的地步。父亲脑子里不自觉地存在一种封建观念——他认为老祖是婶母，并且还是续弦。老祖进季家门的时候，他是故意躲开的，他回国后才写了一封信表示感激，也是表示承认。因此，第一次见到老祖的时候，他竟发觉老祖是斜着眼看他的，也就是说她对这个侄子还有顾虑。说起来，父亲是插到老祖家来的，现在他倒反客为主，以主人自居起来。我想，父亲之所以如此，可能不是冲着老祖去的，而是冲着叔祖父去的。因为父亲对叔祖父续弦有意见，认为婶母去世不久，而续弦的叔祖母过于年轻，于是在他们举行婚礼之前，借口要办理去德国留学的手续，就提前离开了济南。在父亲回国后的日子里，由于他已经改变了对叔祖父续弦和对叔祖母的看法，和老祖相处还算融洽，但父亲并没有把老祖的位子摆正。比如平常在家吃饭，或者有什么正式宴请，父亲总是端坐首席，老祖则只能在偏位就座；父亲从没给老祖过过生日，也从没有给过她零用钱，更没有给她买过什么衣物……总之，父亲并没有真正把老祖看成自己的长辈。老祖的称呼至少有一部分是空有其名。设想一下，如果父亲的母亲在世，他会怎样对待她呢？更令我不满的是，他在散文里竟没有一点自愧之意，似乎他对老祖的夸奖就是莫大的恩惠。

老祖的离去，是季家崩溃的开始。没有谁再能够把大家凝聚在一起。接着而来的一连串悲剧，最终使季家土崩瓦解。

婉如姐之死

老祖去世后，季家没有了顶梁柱。父亲显得十分消沉，却更加努力地往图书馆跑。老祖实际上是我母亲的终身伴侣，失去了她，母亲就像掉了魂，真可谓失魂落魄。我和姐姐非常担心。当我们告诉她老祖去世的消息后，她猛地大哭，几乎要背过气去。我们担心她心脏病发作，急忙劝解。在后来的日子里，家里就剩下父亲和母亲两个人，母亲由于腿关节的毛病不方便走动，只能坐在自己的床头，孤独地打发时间。我和姐姐虽然更多地回家看望，干活，却不能解除母亲内心的苦闷。姐姐性子急，看到这种情形，真是焦急万分。

姐姐于 1933 年 5 月 8 日（农历四月十四）生于济南。上大学之前，都在济南读书。1955 年从天津大学土木工程系毕业，之后一直在二机部第二建筑设计院工作。姐夫何颐华是她的同班同学，毕业后去苏联留学，后在中国建筑科学研究院地基所工作。姐姐本来也是留苏的候选人，可因为紧急调配和社会关系问题没能去成。她学习成绩优秀，工作认真努力，取得了很多骄人的成绩。她也是共产党员。她为人小心谨慎，群众关系很好。她也非常顾家，为她的两个家，可说是竭尽所能，心力交瘁。她的一切努力，都是为了维持这个家，增进家人之间的感情，特别是和父亲的感情，避免家庭的破裂，让三位老人能平静地生活、工作。她用心良苦，可是效果并不尽人意。她对父亲的自私、吝啬、冷漠和好名、充大等表现很不满意。她有几次险些与父亲直面冲突，但在我的劝阻下终于忍了下来。她退休后的一个大愿望，就是送儿子出国留学。为此，她仍承接设计工作，日夜辛劳地画图，只为赚取一点劳务费，为儿子出国做准备。

1991 年，接近年底的一个星期日，她正在北大家中劳作，突然便血，当时以为是痔疮发作，便急忙回家去了。经医生检查，断定是直肠癌，而且已经是晚期，癌细胞已经转移到全身许多部位。对于我们，这简直是晴天霹雳，对于姐姐则是最后的判决。随后，她以坚强的毅力，经受了手术和第一次化疗。但她没想到化疗会给她带来那么大的痛苦。一夜之间，她的头发几乎掉光。她对我说，她实在不能忍受化疗带来的痛苦。她拒绝第二次化疗。我国权威肿瘤专家也束手无策。一两个月后，她腹部开始积水，低烧不退。那时，总是由我开车送她去医院看大夫，大夫听姐姐说她一直低烧不退，当然知道这是癌症患者特有的症状，是没有办法解决的，于是含糊地说："我给你找点药。"然后他看了看桌子上的玻璃板下面的广告，给姐姐开了广告里的一种药。姐姐一下便看出大夫是在应付她。她绝望了，在回家的路上对我说："'死生有命，富贵在天'，随它去吧。"我没法安慰她，因为她是有知识的人，怎能相信我的假话呢！她对我说："我攒了几万块钱，是给何巍用的。我有一个通情达理的弟弟，我就放心了。只是咱那个妈……"她没有说完，可我明白她的意思，她是在担心母亲今后的日子，担心母亲能不能和父亲和睦终生。

姐姐生病期间，父亲去看过她两次。第一次他是和李铮一块去的。父亲问姐姐："你用钱吗？"姐姐回答说："我们有钱！"父亲就不再吱声，和李铮一起走了。姐姐生气地摔上门，李铮感到姐姐生父亲的气了，也觉得父亲似乎太吝啬了。第二次，是我陪父亲去的。他拿了一筒茶叶，让我买了几个广柑。姐姐已经病得十分严重了，见到茶叶，愤愤地说："你还是自己收着吧！"就不再理他。姐姐病重期间，我曾经为她寻医求药。我到过两处中医云集的地方，大都在癌症病院附近。一处一位号称专治癌症的中医大夫，说他有一种方法，治疗癌症十分灵验，几位中央领导人已经试过，效果极佳。办法是要准备一棵松柏之类的不落叶的常青植物，以及一个可乐罐，将可乐罐放在病人的癌症部位，用铜丝或棉线把可乐罐和常青植物连接起来。这样，癌症的毒素就可以渐渐转移到植物上去。不久，植物枯萎死去，病人康复，万事大吉。这种疗法索价竟达几万元，且不保证一定治好。另一家中医郎中，得知姐姐是直肠癌转移到肝脏，是癌症后期腹水，便大包大揽，说他专治后期癌症病人的腹水。他有几种中医汤药，每服索价两千元，吃几服是不是有效也不肯说。我看了这种情形，知道都是骗局，便没再理会。没过多久，姐姐病情再度加重，当我告诉她不能再待在家里，还是要进医院的时候，她默不作声，她当然知道这意味着什么。我们用担架把她从她家里抬出去送上救护车，她则静静地忍受着和自己家庭的诀别，而我也体味了那种诀别的痛苦。姐姐最后住院的日子里，父亲再也没有去看过她。住院期间，姐姐什么话都没有说，此时，她已经参透了人生和死亡的真谛，静静地等待着自己的末日。去世前几天，她说她幻觉连连，痛苦异常，实在忍不住了。一天深夜，她让何巍打电话叫我去医院，我急忙赶到。她对我说："我太痛苦了。请你求大夫给我打一针，让我早日解脱吧。"我哭着和大夫商量，但遭到拒绝，只好告诉她做不到，要她忍耐、坚持。大夫给她打了安定的针，让她睡去。6 月 23 日，姐姐终于走完了一生辛勤的道路，去世了。当时正值下午二时，忽然天昏地暗，雷雨大作，苍天洒下了泪水，为姐姐痛哭。当我们把一切收拾停当，把遗体推出病房的时候，她单位的领导们也匆匆赶来。

父亲在经受了婶母去世的痛苦之后，又意外地失去了爱女，这给了他极大的打击。他没有询问姐姐的情况，他从我的忙碌中已经判断出发生了什么事。当然，他没有为姐姐送行，没有送花圈，只在我面前低声嘟囔了一句："我知道了。"实际上是猜到了。

在我和姐姐之间，父亲是比较喜欢姐姐的，因为她比我聪明，也比我会关心他。虽然，姐姐对父亲的吝啬、自私、充大，以及在家里的许多不近人情的地方很有意见，忍耐不住的时候总想和他摊牌，但还是克制住了，保持了表面上的和气。父亲并不知道自己的女儿对自己有那么尖锐的意见。姐姐去世后，父亲写了一篇散文《哭婉如》，知道姐姐对他有意见后，就没有发表。当时李铮问我，要不要看看这篇文章，我说我不愿意看。我是不想看。有人曾经问过父亲："你对这些事（指家里发生的事）怎么没有什么反应？"他回答说："去看我的散文。"可见，父亲表达感情的方式只有散文，且都是事后诸葛亮，其不可理喻和书生气可见一斑！姐姐不喜欢父亲写的关于我们家庭的散文，因为她觉得与实际情形相去甚远，又于事无补，看了只会让人不愉快。

季家的又一个支柱折断了。剩下的很快还要继续折断。

母亲寂寞地离开了人世

姐姐的去世，我没敢告诉母亲。我怕她经受不住。老祖刚走，姐姐又去了，母亲怎能接受得了！姐姐不回家，姐夫也不敢来。母亲心里总嘀咕。我只对她说，姐姐病了，病得很重，一直在医院里。她从没有提出要去看姐姐，因为她没有那个勇气，她不愿意看到自己身患绝症即将不久于人世的女儿，看不到就觉得还有可能出现奇迹，有侥幸的余地。有时她会失声痛哭，但多半是背着我，怕给我压力。因为那时只有我一个人在撑着这个家。后来她见父亲也不去看姐姐了，我也不往医院跑了，心里大概就明白了。从此她再也没有问过姐姐的事。她每天静静地坐在床头，孤独地打发时间。我去看她，总见她寡言少语，更少有欢笑的时候。她文化水平虽低，但也在参悟人生。老祖走了，姐姐走了，她也要走，人人都要走。死亡是人类最大的平等。她没有父亲那样高的境界，也不知道陶渊明的诗，不懂什么“纵浪大化中，不喜亦不惧，应尽便须尽，无须独多虑”。其实，她已经悟出了同样的道理，她的境界也许比那些学者还要高。她并不怕死亡，她怕的或者说她不愿意的，是继续给家人添麻烦，当然，还有那难耐的孤独。活着既无益，亦无趣，死了更干净。她偶尔对我说："还不如早死了的好，死了干净。"她想到了死亡，对活着已经感到厌倦。后来，我从表妹那里知道，她的父亲后来也有类似的感觉。他曾对自己的女儿说："他不想活了，活着没有意思。"可是，也有相反的人，那就是我的父亲。他在去世前不久，那时他已经在医院里住了将近七年，对我说："我不想涅槃。"父亲要活着的愿望很强烈。这两种截然不同的看法究竟谁是谁非，如何评价？对于我的母亲，这个时候，她对自己生活一世是怎样想的呢？是幸福、满足，还是悲哀、悔恨？我想，她是满足的，她没有抱恨；可是她一定不会感到幸福，她心里一定有一个巨大的缺憾，那就是她的婚姻。她从来没有享受到夫妻之间的真情，婚后的生活都是在形式上圆满、内里空虚寂寞的情况下度过的。当自己走到了人生的末途，在看着亲人一个个离去的时候，她陷入了深深的寂寞和孤独中，没有人能分担她的孤苦。这个时候，她实实在在地尝到了婚姻的苦果，这个苦果，光靠子女的孝顺是不能消除全部苦涩的。

过了一段时间，姐夫和我商量，他想去北大家里看看，因为老瞒着母亲也不行。我觉得他是该出现的时候了。如果母亲问起，就如实对她说姐姐已经没了。一天，姐夫到北大家里来了。母亲见到他，脸上现出了非常惊异的表情，接着就有欲哭的样子，但是，她立刻用极大的毅力控制住了自己。她没有问姐姐的事，也没说什么，只是悲戚地坐在那里。大家都没有说什么，都沉默地坐着，非常尴尬，又非常难过。见到这种情形，我真后悔一直对她隐瞒着姐姐去世的事，真内疚让她把这么大的悲痛生生地埋在自己的心里。这样做，我竟然连母亲哭自己爱女的权利都给剥夺了。这真是太残忍了！叔祖母去世之后，我虽然把消息告诉了母亲，却没有让她好好地痛哭一场。我当时对母亲说："不要哭，哭会伤你的心的，会让你发心脏病的。"那时，母亲抑制了自己，只哭了几声便止住了。现在想起来，我这样做，实在没有人性，要知道，亲人去世，家人痛哭，不单是发泄感情，更是他们的权利。剥夺人的权利，特别是亲人痛哭自己亲生儿女的权利是不人道的。当然，如果亲人们能有庄子的情操，在亲人去世的时候，鼓盆而歌，那也是一种表达方式，虽然有违常情，但绝不可以禁止。我为此感到十分悔恨。

1993 年 12 月 2 日清早，我接到阿姨打来的电话，说母亲起不了床了。我急忙去看，见她头脑还清楚，只是脸肿嘴歪。医生诊断是中风。接着便住进了医院，前后共一年多的时间。开始住在中医研究院医院，中间出院很短时间，后又住进了 ×× 校医院，终于在 1994 年 12 月 6 日去世。在此期间，我所在公司和东语系的许多朋友都来帮忙，我内心对他们极为感激。我请了几位保姆，有的在医院守护，有的在家里做饭、照顾父亲。由于不能把公司的工作全都撂下，我自己仅能每天一早一晚去医院看望。这样，医院的大夫们就很少能够看到我。我还要采购食品，指导保姆做饭，收拾家务，为母亲送饭。××校医院本来就不愿接受住院病人，想方设法要把我母亲赶走。他们开始说，北医三院医疗水平高，去那里可治好母亲的病。可我不同意转院。他们又说，怎么看不到她的亲人来医院看望，她儿子怎么不露面。于是，他们就另想办法，给母亲注射一种价格昂贵但根本不需要的针剂，短短十几天就花去了近两万元。很快，医院通知我补充押金，这时我才发现情况不对，知道医院是在对我施加压力，要赶走病人。于是我对症下药，做“疏通”工作。我请护士长统计需要送礼的人员数目，每人送去一份礼品，这种“惩罚”立刻就停止了。大夫还对我说，其实那种针并不需要，就停了吧。这些事情使我省悟，民间的习俗，为过世的人送葬，沿路要抛撒纸钱，本是要买通阴间各路鬼神，名曰撒“买路钱”，其实哪里有什么阴间，所有的鬼神都在人间，都在阳间。为了事办得痛快，我看还是要把真钱撒在人间为好。于是，我开始向人间撒钱了。一年之内，我给医院送了很多的礼品，收到了显著效果，那位整天阴着脸去给母亲输液的护士小姐的脸色也改为晴间多云天气了。母亲住院期间，父亲到医院去了好多回，但他去图书馆的劲头仍未减。我理解他的心情和做法，尽量不去打扰他。可是没想到，在母亲去世的前两天，他竟然采取了自誉为“求仁得仁”的重大举措：对我下了逐客令。他的这一举措可以说是他一生中最伟大、最果断的行动，真有点动天地而泣鬼神的味道。父亲觉得，他通过这一举动使自己真的立地成仁了。至于其中缘由，来龙去脉，恩恩怨怨，不是一两句话可以说清楚的。容后再叙。

母亲去世，父亲没有送鲜花，没有去吊唁，没有去告别。那时，家里只有我一个人在操持一切，我怕父亲经受不住，就没有去打扰他。后来父亲倒也写了一篇散文。我倍觉感动的是，送母亲遗体去火化的时候，有一位老年妇女带着花束赶到太平间，将花放在我母亲的遗体上，她一定是我们的邻居或母亲的朋友，因为“季奶奶”在朗润园还是颇有人缘的。另外，除了李铮夫妇，也有几位我并不认识的男女朋友，没有我的邀请，自个儿登上了灵车，到八宝山公墓参加送别仪式。为了报答他们的厚意，仪式结束后我向他们深深地鞠躬。这时，我觉得，人间究竟还有真情在，这个世界并不是冰冷一片。

意气用事的“成仁之举”

1995 年 2 月，父亲写了一篇《1995 年元旦抒怀——求仁而得仁，又何怨！》。李铮看过以后，建议父亲不要发表，但父亲不听李铮的劝阻，坚持要公诸报端。这篇文章虽短，却气势磅礴，势如破竹。文章用隐晦的语言把事实略去，用明确的文字抒发悲愤之情，用激昂的声调表白自己已经成仁，用带着苦涩的语气为自己的成仁而欢呼。这篇文章，一般人是看不懂的，读来犹如丈二和尚摸不着头脑。后来，《季羡林传》的作者似乎视破了玄机，说文章是“在平静的语调背后，涌动着滔天的巨浪。在模糊的词语中，有着深邃的内涵”。巨浪与否，姑且不论，但这篇文章的深邃内涵，局外人的确是很难了解的。父亲在文章里说，他幻想自己成为一个悲剧性的人物，而在无意中用“遗弃了别人”的办法实现了。他心中的悲剧，又“绝不是人世中的小恩小怨、小仇小恨”，或者说是那种“能够激起人们的同情与怜悯、慨叹与忧思的悲剧”。这样说来，父亲说的当然就是一种大恩大怨、大仇大恨，用他的话说是一种“能净化人们灵魂的古希腊悲剧”。因此，为了这种大恩大怨、大仇大恨而能成仁，的确应该无怨，当然应该“快哉”了。由此可见，当时父亲对这一事件的看法，有多么严重；对他自己的这一壮举，有多高的评价和自豪。当然，那时父亲只看到悲剧能净化灵魂，并且甘愿做悲剧式的人物，求仁得仁，但他却没想到既然自己制造了这一悲剧，自然也要吞食这一悲剧的后果。后来的事实证明，他的确被迫喝下了自己酿造的苦酒，时间之长竟达十几年。不过后来，在一个不算太晚的时候，阴差阳错，竟然乾坤颠倒，破镜重圆，悲剧谢幕，喜剧重演。这是后话。

那么，先来说一说，父亲在文章里写的“大恩大怨、大仇大恨”究竟是什么。这一点是许多好心的读者最为关心的。这个问题的答案实际上在文章里已经点明，只不过局外人难以猜度罢了。答案就是他所说的“遗弃”。在文章的前面，父亲举了两个例子，一个是英国作家哈代在他的小说《还乡》里讲述的故事，老母亲被儿子遗弃；一个则是父亲实际上遗弃了自己的母亲。现在，他又通过遗弃别人而达到了成为悲剧式人物的目的。他遗弃了谁呢？文章里并没有点明。我这里可以告诉大家，事实上就是父亲遗弃了我，遗弃了他唯一的儿子，遗弃了那时还活在世上的唯一的直系亲人。父亲遗弃自己的儿子终于使自己成仁，遗弃了当时季家在国内除父亲之外的唯一成员，使季家彻底分崩离析，这当然带有悲剧性，而且对一个家庭来说，的确是个大的悲剧。

那么，现在我就来说一说父亲所谓的“遗弃”是怎样一回事。

从近处说，事情的爆发是在1994年2月8日（农历十二月二十八），那天我和父亲发生了一场争吵。当时春节临近，母亲住院已经两个多月了。为了过节，我和何巍的媳妇李庆芝、阿姨一起，把母亲住的客厅打扫干净，稍加布置。我们花了大半天时间，从早晨一直忙到下午四点，我非常疲惫。我们刚刚结束工作，准备做晚饭，父亲从对面书房走了过来。他对我们整理好的房间不屑一顾，劈头就问：“我的花哪里去了？”他找的是一盆君子兰，是楼上的人家丢弃不要扔下楼，我们捡了起来栽在盆里的。收拾屋子的时候，我们知道父亲怜惜那些被遗弃的花，就把它搬到对门那个单元他的书房里去了。阿姨说放在对面屋子里了。父亲立即去找，但没找见，回来便问罪：“谁把我的花扔了？！”我这时正在厨房做饭，听见父亲在堂屋里发威（这是从未有过的），实在忍耐不住，便对庆芝说，如果他要再问，我可就要说话了。庆芝劝我忍耐。这时，父亲果然跑到厨房里追问我。我没能忍住，便说了一句气话：“我把它扔了。”（实际上并没有扔）他勃然大怒，说：“谁给你的权力扔我心爱的东西？！”我见来者不善，便说：“是老天爷。”我当时想，老天爷总比父亲老子的权力大吧。父亲顿时语塞，脸涨得通红，激动地吼道：“这是我的家！我不指望你养老。”我当时一愣，心想怎么扯到这上面来了。我说：“我有心养你的老，也一直是这么做的，累死累活地干了几十年了。”父亲说：“那是你自己愿意！我早就看透了你。

你做的都是为了你妈！咱俩的关系就到此为止。”我反问他：“我妈是谁？她是你的夫人。我们从来没有把我妈和你分开。”正争吵间，李铮来了，他不知事情的原委，见状十分吃惊，就劝解一番。这时，父亲的怒火略有遏制，说：“我人老了，难免说错话。”我说：“说错了，我并不在乎。”这时阿姨已经把花搬过来给他过目，但争吵已经发生，于事无补了。

第二天是除夕，晚上我包好了水饺，准备好了菜肴，但父亲余怒未消，拒绝用餐，躲到邻居家去了。每年初二例行的亲友聚会也无法举行，几十年的惯例就此终止。年初三，在李铮的撮合和参与下，我和父亲交换了意见。我检讨了我的态度，并把老祖、母亲、姐姐和我对他的一些意见告诉他。我说，他说的那些话，犹如在我的心上插了几把刀，我感到万分痛苦和伤心。父亲又重复说，人老了，说些气话、过头话，不要当真。他承认在许多事情上有对不住老祖和母亲她们的地方。事情到此告一段落。但是，当时我并不明白，他为什么会突然对我兴师讨伐，不明白那时父亲对我究竟有什么意见。不过后来事情的发展说明，这件事的发生的确不是偶然的，那时父亲一定是对我有了很大的意见。可是，究竟是什么意见呢？是什么意见能在他心里铸成我们父子之间所谓的大恩大怨、大仇大恨，而竟至不能克制终于发作呢？

后来我逐渐明白了，父亲对我有意见，并不是为了别的事情，更不是有些人分析的因为我和家里的小保姆相好，而是不满于我对母亲的厚爱和孝敬。

多少年来，父亲在家里总是像鹤立鸡群一般，显得有点孤高和寡。他总是沉迷于自己的治学和研究，在感情与亲情上和家人之间实际上存在着一层隔膜。就是这层隔膜，使父亲内心里总是存在着“孤立”的感觉。父亲是一个情感细致、敏感而且内向的人，哪怕一件细微的事情，都会触动他的这根神经。譬如，一次他自己更换床单，之后颇觉伤感，竟至暗暗流泪，感叹无人关照。实际上，我姐姐经常替他更换床单、换洗衣服。有时父亲不让姐姐换，理由是嫌换得过勤会把衣物洗坏了。姐姐自然也常常替叔祖母和母亲更换衣物，父亲就会感到自己受冷淡，心里就不愉快起来。父亲有这种自外于家庭的内心情结，就使他在感情、亲情上很难完全融入家人之中。日久天长，日积月累，父亲内心里积攒了不少姑且称之为感情“创伤”和扭曲了的心理。我和姐姐越努力孝敬叔祖母、母亲，当然也包括父亲在内，父亲的心里就越觉得不是滋味，“醋”味也就越浓。母亲重病住院期间，我不遗余力地加以照顾，似乎使父亲觉得我冷淡了他，他拿不准母亲去世后，我是否能够如同对待母亲那样对待他直到最后。父亲脱口而出的那两句话“我不指望你养老”“你做的都是为了你妈”，就说明了他当时的心态。

从远处讲，我们对父亲的意见，无非是觉得他对家里人太吝啬、太小气、太冷淡。他在外面表现得越慷慨、越大方、越热情，我们的这种感觉就越明显。叔祖母曾私下里对我们说，父亲对外人亲，对家里人冷。我母亲也说，父亲里外不分，对外大方，对家里太抠门。虽然她们对父亲有意见，但真说起来，也不过是一些小恩小怨，绝谈不上有什么大仇大恨；虽然也有大恩大惠的事，可是我们家里人在那些问题上，却一点也不含糊地支持父亲。譬如他向国家捐献贵重文物、书籍，向家乡捐钱建小学，向党组织捐稿费等，我们都支持。我们从来没有仇恨过他，甚至连抱怨也没有。我和姐姐私下议论说，人都是一样，对里对外总是有差别的。一般人是对里亲近，对外疏远；对家人大方，对外人小气。父亲却恰恰相反。在这一点上，他与常人不同。对父亲的这种表现，我们虽然不赞同，但也没有表示强烈的反对。我和姐姐认为，这可能是父亲对自己的家庭没有感情的结果，是可以理解和应该体谅的。

我们因争吵而和解。父亲破天荒地做了自我批评。这以后，我一如既往，跑医院，伺候父亲，忙工作。可是，近十个月后，1994年12月4日，他突然在母亲去世前两天的时候，走到住处外面，对正在洗车的我说："你很聪明。今后你不要来北大了。等你母亲去世后我再找你谈。"我当即明白了他的意思，立刻离开了他的家。母亲还住在××校医院，我只得每天从很远的地方去看护她。

看来，父亲就是用这样的办法"遗弃了别人"，从而实现了他做悲剧性人物的宏大愿望。所以，他对这个在"无意中得之"的硕果，真是得意得喜形于色，连呼："岂不快哉！岂不快哉！"父亲通过遗弃别人，而成为悲剧性的人物，真是他一生中最大胆的事、最勇敢的行动，也是超乎父亲性格之外的事。对我来说，是绝对难以想象的，如果我的叔祖母、母亲和姐姐在世的话，也一定会认为父亲发了疯。但是，令人吃惊的是，这样勇敢的事，不久之后他又做了一件。就是他以超乎寻常的魄力，容忍别人把追随他几十年的秘书李铮排挤走。他以这两件事“求仁得仁”，他认为他已经实现了成为悲剧人物的幻想了。却不知，正是这两件事使父亲在以后十几年里受尽了苦楚，付出了巨大的代价，无情的现实把他那既悲哀但听起来又颇为浪漫的幻想彻底粉碎了。当然，几年后，生活的现实迫使他改弦更张，开始深刻反省事情的原委和后果，总结出做人和人生的极为重要的许多真知灼见，这也许可以说是因祸得福。

但是，若真的谈到什么“悲剧性的人物”，在我们家里岂止父亲一人。可是，为什么他硬要把这顶桂冠戴在自己头上？他又为什么对这顶桂冠如此欣赏？我以为，他给自己戴上这顶桂冠是想说明，在我们这个家庭里只有他是一位弱者，他之所以成了“悲剧性的人物”都是别人造成的，只有他一个人为家庭而牺牲，他的命运最悲惨，他的生活最值得同情。其实，在我们家，除了他之外，悲剧性的人物很多。叔祖父母是不是悲剧性的人物？父亲的母亲是不是？我母亲是不是？德国的伊姆加德为他终身不嫁是不是？我姐姐是不是？至于我，不敢高攀，不敢附庸风雅。我只敢说，对父亲，对季家，我是仁至义尽的，但绝不敢说已经求仁得仁，更何况成仁了，也不敢说我是什么悲剧性的人物。公平地说，我们家每一个人身上都有悲剧性的成分，至于谁已经成了悲剧性的人物，谁要为此负责，我说不好。从父亲的角度来看，全家只有他一个人成了悲剧性的人物，而且大发感慨，这本身就是很片面的。就拿母亲来说，如果她有父亲那样的知识水平，她写出来的散文，其悲剧色彩绝不会在父亲之下。而我的姐姐，已经够得上悲剧性的人物了，如果能活到那时，她可能不会去写散文，但肯定早就和父亲摊了牌，结果也会成为被遗弃者（散文《哭婉如》不就遭遗弃了吗？），成为更加悲剧性的人物。公平地说，季家本来就潜藏着巨大的悲剧性，我们这一家就是悲剧性的一家，这是历史造成的，这是社会的悲剧，不是某个人能担当的，也不应该把责任归到某个人的身上，更不要某个人自己宣称独吞了这一苦果。为了避免悲剧的发生，或者减弱它的悲剧色彩，应该靠大家的努力。在我们家，开始大家都做了努力，叔祖母、母亲和姐姐应该说是做到底了，但不幸的是，父亲和我没能坚持到底。在这一点上，我有责任，但父亲难道可以辞其咎吗？在这一点上，我和姐姐是不能原谅他的。

母亲去世后，父亲对人说，他的存单没有到期，而我竟逼他拿钱给母亲付住院费，还赠我“身败名裂，众叛亲离”（后者就是“孤家寡人”的意思）八个字。事实上，从母亲住院到她去世都是我付的住院费，我从没有向父亲要过钱。母亲住院当然要花钱，母亲住院期间，他把钱捐给山东老家，我什么也没说，我尊重他的选择，根本没有逼过他。只是有一次我们在湖边闲谈，他问起住院费的事，

我报告说已经花了 × 万元了。过了一天，他给了我几张存单，总数不到一万元，都是没到期的，没有他的身份证根本取不出来。这就叫逼他了。母亲去世后，父亲说，本来他应该承担全部费用，现在他只肯出一半。至于那八个字，当然事出有因，我将要另加说明，这里暂且不表。不过，从这八个字可以看得出，父亲对我是多么的痛恨，他要判我的“死刑”，真的可谓大仇大恨了。过了许久，我给父亲写了一封信，信里重述了家人对他的那些意见，表白了我对季家的忠和孝，解释了我某些行动的原因并为之辩护，也针对有些人的作为说了八个字：“冠冕堂皇，男盗女娼。”我说这话完全不是针对父亲，而是另有所指。父亲看了之后大怒，以为我是在说他，也就是儿子骂老子了，当然属于大逆不道，说他这一辈子还没有人侮辱过他，现在却受到了儿子的侮辱。他还把这封信交给了北大党组织。

就这样，父亲用他果断的“遗弃了别人”的行动，最后把季家彻底摧毁了，完成了他的成仁之举，先于我成了一个孤家寡人。只落得，家就是他，他就是家。“求仁得仁”“悲剧性的人物”，都实现了，他创造了人间奇迹，确属应该庆贺：“快哉！快哉！”

姐夫颐华也走了

我的姐夫何颐华是姐姐在天津大学的同班同学。他人品憨厚，一切务实。他的人生哲学是中庸之道，具体说就是谁都不得罪，谁都好。他不加入任何党派。因此，他的一生可以说过得很平稳，没有遇到什么大风大浪，没有什么大起大伏，没遭到过什么大灾大难。他和姐姐一起生活得还算和谐。他对姐姐的唯一意见就是姐姐太顾北大的家了。的确，姐姐虽然对自己的家也是不遗余力，辛劳操持，可是她对北大的家确实是过于尽心尽力了。她几乎每个星期天都要到北大家中去看望，又出钱又出力，真是辛苦非常。姐姐没有时间休息，没有心情娱乐，只知道干活。她去世前曾反思自己的一生，说从没有和颐华单独去逛过公园。她认为类似逛公园那样的事为时尚早，还有时间。当时，她的主要任务是去工作，去赚钱供儿子上学、出国。颐华出生在天津，他的弟弟、妹妹是继母所生，总不是那么亲。颐华对姐姐这种太过顾家的表现有意见，可是这并没有造成他们之间的不和。颐华持的是忍让的态度。

那时我并没有觉察到这一点，因为我也陷入了同样的问题之中。我的爱人对我过分照顾北大的家同样有意见。每个星期天去北大，她都很不情愿，很勉强，有时甚至哭闹。她即使去了，也什么事都不做，只和父亲闲谈。颐华也是这样，在我的记忆里，他从来没有在北大的家里干过任何活。颐华对姐姐的病逝非常悲痛。他曾为医治姐姐的病竭尽全力，但终无回天之术。可是，姐姐去世后不到半年，颐华打电话给我，说他找了一位女士，准备结婚，征求我的意见。我虽然感到有点意外，但当然不会反对。他的这位夫人是煤炭工业方面的一位工程师，丈夫因病去世。她和颐华有过工作往来，性格泼辣，办事利索，和我姐姐的性格截然不同。看来，颐华喜欢这种性格。可是，他的儿子何巍不太赞同父亲的做法，认为这件事办得太早了。尽管如此，他们还是于 1993 年 3 月结了婚，之后生活应该说是比较幸福的。这时，颐华在经济上已经大有改善。他是建筑地基方面的专家，从承揽的工程中得到不少奖金，远远超过了“万元户”的水准。可是他的新夫人比较能花钱。这一点，颐华不太适应。毕竟他刚刚摆脱贫困，而且他的钱也来之不易。不过，他们终究还是过了三年多的幸福生活。这个时期，颐华总感到气短胸闷，自认为是心脏有毛病，随身总带着硝酸甘油之类的药物，没有去医院认真检查。（有很多这样的例子，世人朋友们应该吸取他们的教训！）1996 年 2 月，颐华在外地开会期间，发烧，胸闷，全身无力，觉得实在支撑不住，会未结束就提前回京。

待到去医院检查，发现右肺因癌症发作积水已达半个胸腔。医生惊呼："你怎能忍到这种程度！"结论是癌症晚期，根本无法治疗。他的情况和姐姐极为类似。颐华面对这无情的判决，无奈地说："死就死吧，反正我已活到这个岁数了。"他的夫人、弟弟、妹妹和亲友们都为医治颐华的病竭尽了全力，我则又一次担负起了为亲人寻医问药的差事，又一次眼看着亲人处在绝望的病况中而无能为力，真觉得命苦和无奈！这时颐华却相信某位颇有名气的中医大夫（据说他有一系列治疗癌症的汤药，名曰癌症 1 号、2 号等），且这位中医大夫有治愈的病人，可供咨询。颐华便向一位与他病情相似、据说已经治愈的人写信咨询，果然得到回信，信中大肆称赞那位中医大夫的汤药。于是颐华不惜重金买了那些汤药服用，结果毫无效果。他知道自己误入歧途，只得作罢。我写这样的故事，并不是贬低中医药，而是觉得这样的中医真是伤天害理，可恶至极。但他们仍然能乘人之危，坑害病人，且大行其道，屡屡得手，大发横财，真是罪不可赦！后来，他的儿子从加拿大回来，一直守在父亲病床边。我则每周都去医院探视，送点点心小菜之类的东西略表心意，以作安慰。1996 年 7 月 7 日，我接到何巍的电话，说他爸爸不行了，我立即赶去医院，替他穿上衣服。这是我在七年内为第四位去世的亲人穿衣了。

父亲在颐华住院期间，从没有去看过他，也从未询问过。对他的去世，没有什么反应，当然也没有写散文。据我观察，父亲的确极为内向，亲人生病、去世，他内心不会不为所动，除了写文章而外，在外表上很少流露。这个时期，亲人接连故去，一定使他感情上深受打击，以致难以言表了。

秘书李铮去世

死亡像一股黑色的洪流，已经卷走了我们家四口人的性命。下一个是谁？是我？只能是我，因为已经没有别人了……其实我已经在准备了。我已经大有去的意思，因为我觉得到那边去，和他们四位在一起生活比在这边更温暖。每当清明去墓上祭扫时，我面对骨灰墙上四位亲人的遗容，就会想起过去温馨和睦的生活，它似乎还在继续，我似乎仍然和他们生活在一起。可是，事实上我还没有能到墓墙上去，我还在人世。根据因果报应，一个人如果没有还完阳间的怨债，是不能离开人世的。而我似乎就还没有还完前世所欠下的债，还要继续承担人世的各种烦恼、辛苦，不能祈求过早地超脱。我参加演出的这场人间悲剧还不能谢幕。我必须和命运继续周旋、搏斗下去。

但是，离开这个世界而去的命运，却落到一位令人意想不到的人的头上。那就是李铮。我之所以把李铮列入季家，是因为他和父亲以及季家的关系太密切了。我们早就把他和他的夫人连同他的儿子看作一家人了。1998 年 12 月 17 日下午，我突然接到李铮夫人徐淑燕的电话，说李铮心脏病突发于上午十时去世了。这真是晴天霹雳！这个消息使我难以接受。李铮的去世，给父亲这个自诩为“悲剧性的人物”的身上又加上了一笔重彩。

李铮从 1950 年，他 17 岁起就来到了北大东语系，一干就是几十年。开始的时候他负责系里的行政工作，但大部分工作都是为身为系主任的父亲服务，到 1978 年才正式成为父亲的助手。除了系里的工作，他和夫人对父亲和季家也是关照备至。有几年，李铮甚至住到了父亲家，为老人们看家壮胆。李铮为人正直，表里如一，父亲常说，他心里有什么，脸上就有什么，从不掩饰自己的喜怒哀乐和爱憎。他工作细致认真，勤勤恳恳。父亲喜欢他的这种性格，称赞他的工作，给了他应有的评价和提携。1990 年夏天，父亲曾题赠李铮一首陈寅恪的诗：“无力蔷薇卧晚愁，有情芍药泪空流。东皇若教柔枝起，老大犹堪秉烛游。”父亲借由此诗表达了他对李铮的期望。李铮也把父亲对他的知遇之恩铭记在心。我们全家人都把李铮夫妇看成一家人。在老祖他们病重和逝世期间，李铮他们都出了很大气力，帮了很大忙。但是，想不到事情会发生变化。1996 年 2 月李铮退休后，他愿意继续为父亲工作，父亲当然也希望他继续为自己工作。可是他感到父亲对他逐渐冷淡起来，用他的话说，就是父亲“不待见”他了。有许多事情，让李铮难以理解和接受。李铮有许多委屈，曾经在电话里哭着向我谈了许多。他实在憋不住了，也曾去找我的五舅诉说。李铮觉得自己已经是六十多岁的人了，许多事力不从心，应该有位年轻人帮他一点；另外希望别人不要给他制造困难；至于返聘金是多少，尽管有人造舆论说他嫌少，但他向父亲表示他绝不计较。委屈纵有千条，但归根结底，是父亲在别人的挑拨下，对李铮产生了不满。因为这时有一位名叫李玉洁的女人，正在接近父亲，争着要为父亲工作。李玉洁给父亲造成的印象是：李铮凭着自己多年的工作成绩，有点居功自傲，要讨价还价了。父亲则认为他已经很对得起李铮了，同时觉得，李铮不愿意干，自然有人能替代他，自己照样能工作下去。至于有人在给李铮的工作制造困难，制造小的摩擦，增加父亲对李铮的误解和不信任感，父亲则不置可否，还流露出对李铮的冷淡。1998 年下半年发生的稿费事件，使李铮的心情更加抑郁愤懑，他几乎对父亲失去了最后的期望。李铮亲自对我讲了这件事。父亲的《牛棚杂忆》得到一笔稿费，应该是 20 万元。可李玉洁告诉他只有 2 万元。这本书里有李铮编的《季羡林年谱》，李玉洁传达父亲的意见，给李铮 2000 元稿费。李铮没有接受。于是李玉洁就对父亲说，李铮嫌给他的稿费太少。父亲觉得李铮是在争稿费，就很生气。父亲本来已经对李铮“不待见”了，听了李玉洁的话，对李铮就更加不满。其实，李铮当时是觉得稿费的数目不大对劲，便向父亲提出了怀疑，可是父亲并不以为然。这时，李铮和几位同事亲自去出版社了解，结果证实李铮说的情况是真实的。就在李铮去出版社的当天下午，李玉洁就连忙把 18 万元的存折交给了父亲，并把给李铮的稿费增加到 4000 元。但李铮仍拒绝接受，说他之所以这样做，是为了把事情弄清楚，并不是嫌稿费少，还表示愿意把稿费捐献出来，作为父亲今后出书之用。这时，父亲又重复过去他对李玉洁发生问题时的一贯态度，说钱退回来了，就算了吧，不要再追究了。父亲对李玉洁的这种态度让李铮想不通，心里的郁闷更加严重了。这个时候，李铮心里已经明白了，父亲已经被李玉洁笼络住了，非用李玉洁不可了。这使李铮的心情极为压抑，一个多月后，他就因心脏病突发去世了。显然，李铮的突然去世和稿费事件有直接关系，他是因这一系列的事情压抑致死的。李铮的死，使认识他的人极为惋惜，大家都感到太意外了，都为这个正直善良的好人的早逝而感到十分悲痛。系里为李铮举行了追悼会，参加追悼会的人很多，一副挽联写出了李铮的人品：

五十年学苑耕耘含辛茹苦英灵自与文章在，

半世纪程门侍立尽瘁鞠躬铮气长存天地间。

悼词里引了父亲的话："他这个人勤勤恳恳，兢兢业业，认真努力，一丝不苟……他对我的帮助等于延长了我的寿命。如果没有他的帮助，我绝不能做现在做的这些工作。"评价不可说不高，不可说不真实，可惜这些话不是在李铮去世时说的，而是在《罗摩衍那·全书译后记》（1983 年 3 月）里说的。可是，在李铮去世的时候和此后，我却没有听到父亲说过什么话，有什么反应。没有告别，没有挽联，没有悼词，没有鲜花，也没有散文……实际上，父亲这样对待李铮，是他在遗弃了自己的儿子之后的又一意气之举。后来的事实证明，父亲的这两次意气之举，给他后来的生活造成了严重的后果，使他遭受了意想不到的困难。这是父亲没有料到的。

李铮去世后，我立刻赶到他家，在他的遗像前献上了黄菊花，并安慰他的家人。在举行追悼会的那一天，我特地前往八宝山公墓参加告别仪式，并在他的遗体上面搁置了鲜花。我心里说："永别了，正直而受了委屈的人！"

李铮之死，当然给父亲成为悲剧式的人物增加了分量，使父亲彻底成了"孤家寡人"。但是，为什么父亲能接连做出遗弃儿子和秘书这两件事情呢？具体是非，按下不表。有一点是我后来才领悟到的，那就是父亲在 80 岁以后的十几年里，患了"意气"亢奋症。大家都知道，按《辞海》里的解释，"意气"之意除去"意志和勇气"而外，还指"由于主观、偏激而产生的任性的情绪"。应该说，那时的父亲，除去在研究和写作上意气风发外，在其他一些事情上，就表现出了一种偏激和任性。这种偏激和任性在他一生里虽然也有表现，但大多是比较隐蔽的，或者说有所克制的。唯有在这两件事情上，是完全公开化了。大家知道，凭意气做事，或者说"意气用事"是不能把事情做好的。父亲的"意气用事"也是如此。

说到意气，其实还有一件事情可以列在其中，那就是发生在

2001年的捐赠事件。那年，父亲决定将自己一生所积存的文物书画全都捐赠给北京大学。年已九旬，对身后的事情做些料理，情有可原，捐赠自己保有的文物书画也在情理之中。可是，他的捐赠却带有十分强烈的“意气”色彩。父亲将自己所有的东西，包括书籍、字画、文物、房产、存款、现金等全部捐出，甚至在捐赠文件里写上“一桌一椅、一印一印盒、一笔一砚”，其“意气”之强，跃然纸上。同时有人（并不是父亲授意）对外散布说，季先生不会给子女留一分钱，不会留一张纸。可谓捐得利索，捐得干净，真正地够上了“裸捐”。同时，我们也得到了类似告知的话，说你们这些亲属都死了心吧，季先生不会给你们留下一分钱，他把所有的东西都捐了。父亲之所以会有这样强的“意气”，自然是出于他自己并不正确的根据和判断，但是某个接近他的人的蛊惑、煽动则极大程度上助长了父亲的这种“意气”，而做这种煽动的人，自然也是有目的的。后来，就是这位煽动者监守自盗，制造混乱，趁机偷窃父亲的大量珍贵文物，以图占为己有。这就是她的目的。

这件事可以说是父亲的第三件“意气”之举，是他平生中少有的。父亲一生经历众多事件，许多和自己的切身利益、内心情感有关，但他没有受“意气”的指使，做出不理智的举动。父亲竟然在这几件事情上受了“意气”之害，真是难以想象。顺便说一句，父亲之所以能够如此，可能还有一个原因，就是身边没有一个能和他说知心话、提供真实情况的人，譬如老伴儿、至亲等，却被一位投机分子包围甚而控制，失去了判断是非的能力。人到老年，往往耳目失聪、头脑昏聩、性格孤僻倔强、易生“意气”，如果能有人在耳边吹吹风，大可避免一些不理智的行为，所以说“耳边风”不一定都是有害的。父亲那时没有人给他吹“耳边风”，真正是“孤家寡人”，难免“意气”发生，行为失当，为此，父亲付出了惨重代价。

好在没过多久，父亲便在饱尝了“意气用事”的苦果之后，做出认真反思，从而写出了一系列如何对待人生的杂文，其中他所主张的“真”和“忍”等说法，就是他自己的深切体验。更为重要的是，父亲竟然能在自己生命的最后时刻，对他因“意气”而发生的事件进行拨乱反正，纠正了所产生的恶果。这是难能可贵的。

父亲的“特别助手”

父亲幻想成为一个悲剧性的人物，到李铮去世的时候，应该说他的幻想已经加倍地实现了。然而，今后的岁月会是怎样的呢？事实已经证明，今后的岁月还会不断地在他的幻想上增加分量。人生本来就是一台大悲剧，而且它的悲剧性是没有底线的。只有悲剧的主角自己去了，幕才会谢。2000 年，他的大弟子、梵文专家蒋忠新早逝，时年 59 岁。对父亲来说这又是一个重大的打击。他于一年之后，在医院里听到这个消息的时候，曾禁不住老泪纵横，泣不成声。悲剧又增加了一幕。

可是在这之前约两年，当父亲已经宣布自己成了“孤家寡人”、他的家就是他、他就是家的时候，他甚至已经失去了生活的勇气，正在等待成仁的东风的到来，他生活中却意外地吹来了一股“喜剧”的风，使他“又萌生了活下去的勇气”。父亲在意气指使下，在生活里赌了一把，通过遗弃别人成了“孤家寡人”，于是乎没有人能再照料他了，那时的他真的感到孤独，感到恐慌，甚至产生了“轻生的念头”。不过就在这个时候，他说：“我的同事，我的朋友，我的学生……伸出了爱援之手。”为了消除对自己已经成了“孤家寡人”的这一事实的感觉，父亲还说自己另有家庭成员，还不在少数。他说的家庭成员是谁，估计各位读者很难猜到，它们竟然是几只猫、乌龟、甲鱼。这已经具有喜剧色彩了，但除此之外，还出现了一位“打工”者，她“不是亲属，胜似亲属”，使得父亲重新感到了人间的“温暖”、生活的“美丽”（父亲说他讨厌这个词）。这是一个女人，她被父亲封为“特别助手”。随着这个女人的出现，在父亲的生活大悲剧里，插进了一幕“喜剧”，其实应该称之为“闹剧”。随之，父亲开始了他的夕阳红的幸福生活。这个女人就是李玉洁。不过，这样的幸福生活也终究像电光一闪而过，之后变成了令人啼笑皆非的滑稽剧。出人意料地，父亲的生活后来又回到应有的轨道上。这是后话。

李玉洁也是父亲手下的老工作人员。她学历不高，大概只有初中文化程度。她是东北人，长得人高马大，穿着打扮带有东北人特有的粗犷风格。她极善交际，长于言谈，和人谈起话来，可以几个小时口舌不停，神采飞扬，唾液四溅，直把人侃得头晕眼花。她逢人九分熟，和什么人都能打交道，什么事都能办成。父亲对她这种与生俱来的能力很赞赏，过去常常对我们说：“李玉洁没有办不成的事。她一个英文字母也不认识，但是可以和老外打交道，还颇受欢迎。”但父亲也说，她十句话有八句是假的，形象地说就是“满嘴跑火车”。对她到家里来侃大山，父亲和我的叔祖母、母亲一样，并不怎么欢迎，极少留她吃饭。有一次我去她家做客，她曾经亲口向我述说过她的身世。她是伪满洲国某银行董事长的私生女，只知道自己的父亲，不知道自己的母亲。她小的时候，穿金戴银，吃香喝辣，出门就是黄包车，是十足的大小姐。伪满洲国垮台后，她家道中落。新中国成立后她来到北京，当过小学教员、校对员、工会干部，后来到北大南亚所（父亲是所长）工作。她的丈夫是北大东语系朝鲜语专家杨通方。李玉洁说，她自己既不会做饭，也不会做家务，她就喜欢交际。她在北大工作的二十几年里，和父亲有些来往，常到季家和我叔祖母、母亲聊天。可是不知为什么，她总得不到两位老太太的好感。老祖看人多凭直觉，她不喜欢李玉洁，觉得她夸夸其谈、有始无终、漫无边际，老祖常常听得头昏脑涨。我母亲则说：“李玉洁能把死人说活了。”所以，老祖很少留她在家吃饭。无论李玉洁怎样努力，也没有能够融入季家这个大家庭。另外，由于她说话水分太大，始终遭人警惕，父亲对她也是用而不亲、保持距离，还经常要亲自处理她惹下的麻烦。李铮退休后，系里曾几次派人为父亲工作，可是由于种种原因，这些人都没干长。从 1995 年开始，机会来了，李玉洁趁父亲家儿子被撵、秘书被辞、没人照顾的时机，主动进入父亲的家，成了一名“义务打工者”。她先和小张阿姨一起承担起照顾父亲的担子，随后又以小张阿姨有病为由，把已经在季家工作了多年，也比较得父亲喜欢的小张撵走。随后又换了几位阿姨，可不知是什么原因都没干长。最后换了一位男性工友。这位工友连粥都不会熬，父亲吃饭竟全靠左邻右舍的施舍或从食堂里买。李玉洁和父亲又容不得李铮夫妇，慢慢地疏远了他们，到后来竟把所有父亲的熟人和亲属都疏远了。到 1998 年上半年，父亲家就剩下李玉洁一个人在那里“义务打工”了。这个时候，李玉洁充分发挥她的特长，组织几个人，趁父亲出国的机会，把他的书房大加整顿。按我和李铮的经验，父亲绝不会允许别人在他的禁区里胡作非为，对李玉洁的这种大胆行为一定会大为光火。可是，我们估计错了，父亲这次非但没有光火，还专门写文章大加表扬。李铮拿着那篇散文给我看，激动地对我说：“怎么能这么写呢？”我立刻拿过来看，当读到了下面这一段时，我不禁大为惊讶：“玉洁率领着方方和小李，杀入我的书阵中。她运筹帷幄，决胜斗室，指挥若定。伯仲伊吕，大将军八面威风，宛如风卷残云一般，把……书们，整治得规规矩矩，有条有理……我顾而乐之，怡然自得，不复再有‘轻生’之念。”伊吕何许人？那是辅佐商汤灭夏的大臣伊尹和辅佐武王灭商的吕尚，即姜子牙姜太公是也。把李玉洁比作伊吕，我们不敢相信这是父亲的文章，这太出乎我们的意料了，我们觉得父亲完全变成另一个人了。他对过去并不欣赏的一个女人忽然间变了态度，而且给予如此高的评价，甚至竟与自己的生死连在一起，真是难以想象！李铮对此大惑不解，感到十分气愤和压抑。父亲对他冷淡贬斥，对李玉洁热情赞扬，李铮怎么能够接受得了。父亲那时感到自己“孤苦伶仃，举目无亲”，真正成了“孤家寡人”，对李玉洁的赞扬和接受恐怕是有点失之轻率。李玉洁的闯入，对父亲说来真是“此时无亲胜有亲”。父亲自己说他又有了一个“温馨的家”了。（怎么能说是家呢？）父亲对李玉洁的接受，实际上就是完全拒绝了李铮夫妇。李铮能咽得下这口气吗？1996 年，延边出版社为了庆贺季羡林 85 岁寿辰，出版了文集《人格的魅力》。李铮视父亲如恩师、父辈，他们朝夕相处、相濡以沫，他有许多话要说。他写好了一篇祝贺文章，但后来坚持撤出，始终没能发表。这说明李铮的某种不满。虽然李铮夫妇也有伺候父亲到老的愿望，但这时他们已经十分明了父亲的选择了。

随着李铮的去世，李玉洁就完全闯入了父亲所谓“家就是我，我就是家”的家。父亲自诩开始了夕阳红的岁月。20 世纪 90 年代末，父亲的家人都陆续离开了他，他已经真正地成了一个孤家寡人。这时，李玉洁以义务打工者的身份充当了父亲的助手和家庭总管，对父亲来说这真是时来运转，柳暗花明。除有了可心的助手和总管外，父亲这时已获得了“大师”的称号，出版了他的多卷文集、他的巨著《糖史》，以及《吐火罗文（弥勒会见记剧本）译释》英文本。他的《牛棚杂忆》的出版在社会上获得巨大反响。他的著作以不同的版本、由不同的出版社不断出版。他不断地写文章、主编书籍、发表高论，不断地被采访、被宣传、被颂扬、被授予各种荣誉、头衔、奖励，还有人替他设立了基金……总之，他进入了一生最辉煌的时期。我已经和父亲疏于来往，觉得他能有这样的晚年生活，真是造化。看来，他有希望从一个悲剧性的人物变成一个喜剧性的人物了。虽然亲友们多有微词，可我仍觉得应该为父亲庆幸，对李玉洁的热心和辛苦道一声感谢。当时我和李玉洁还有联系，了解情况，交换意见，提供帮助，还当面对她表示过感谢。可是，事情总会有另一面：随着时间的推移，李玉洁对我的态度发生了一百八十度的变化，对外面的人也区别对待，有亲有疏，爱憎分明。特别是对我们的近亲好友，一律采取隔绝的办法，不让他们有机会见到父亲。对父亲的友人、学生也是一样，对不同的人有不同的对待方式。这样一来，人们对李玉洁的所作所为越来越感到不满，意见越来越多、越来越大，到了不能容忍的地步。

据我所知，李玉洁作为父亲的义务助手，工作不遗余力，尽职尽责，每天就像上班一样。她把自己的家，包括她的丈夫，抛在一边，全身心地为父亲工作。她继续发挥她指挥若定的大将风度，把父亲的家里里外外搞得面目一新。在她的安排下，父亲的书桌又增加了两张，书房里摆满了各种礼品、照片、画像、雕像，以及鲜花等。学校还为父亲家安装了空调，铺了木地板，增加了沙发，等等。在这以前，父亲是不让任何人乱碰乱动他屋里的书籍和摆设的。现在，父亲不但容忍而且欣赏李玉洁的布置，接受学校的各项建设，他态度的转变似乎有些反常。父亲独自一人的家，一点也不显得孤独，相反气氛热烈、充实、温馨。父亲一向简朴的家一下子变得豪华起来，这让我们不敢相信，这就是父亲的家。这对于秉性孤僻但又好热闹、自谦而又好奉承的父亲来说，无疑正中下怀，在这种环境里，他生活得如鱼得水，悠游自在，十分滋润。父亲在文章里提到李玉洁，总是“玉洁”长、“玉洁”短的，对其感激之情早已胜过了他的亲属，即所谓“不是亲属，胜似亲属”了。外面的人求李玉洁办事，也是“李教授”长、“李教授”短，而且必得她的“恩准”才能达目的。于是，父亲便宣布，他又有了一个温馨的家了。那时，我真觉得父亲能有这样一个人照料，很好，很难得。觉得李玉洁能这样全力善待父亲也不容易，因为她也是有自己的家的。所以我对这种情形保持了容忍和接受的态度，还经常和李玉洁见面，交换意见，对她表示感谢。她也应允和我保持联系，尽量把工作做好。

可是事情在变化，原来看似是好事的，却渐渐地变成了不怎么好的事，甚至是坏事了。先是父亲的亲戚朋友对李玉洁的一些做法意见越来越大。譬如，2001 年 8 月，父亲应山东临清市政府的邀请，回故乡做寿。李玉洁也理所当然跟着去了。父亲在济南的几位亲戚也去参加。李玉洁在整个活动期间对他们十分冷淡，多方设法限制他们和父亲接触，甚至连给父亲祝酒、照相都不允许。我的表弟弭金鉴，在一次宴会上给父亲祝酒，就被李玉洁当场拦了回来。他们要和舅舅照张相，李玉洁竟冲他们说：“你们快离开，要不我把你们赶出去。”他们不理解，也不明白，李玉洁这么做究竟为了什么。

我的五舅舅是和我母亲同父异母的姐弟，他和五舅妈是父亲在北京的唯一至亲。他们向我抱怨说，有一年大年初二他们去看望父亲，就遭到了李玉洁极不礼貌的对待。他们去后，李玉洁不但不让他们坐下（他们都年近九旬），反而一直在大声呼喝，驱赶那些来访者离开。五舅舅他们也只能立即离开，从那以后他们就再没获准去看望父亲。父亲住院后，李玉洁也不给他们通消息，也不让他们去看望。他们哭兮兮地对我说："我们都这么大年纪了，再不看他，就看不到了。"2004年春节，他们又提出想去看望一下父亲。李玉洁答复说："别来啦，你们就写封信拜年吧。"他们非常生气。他们知道，平常父亲会见的人很多，数目何止几十上百，为什么单单不能见他们？不见他们，恐怕不是父亲的意思，而是李玉洁自作主张。另外，父亲的许多亲密弟子也难以获准见到父亲。面对这种情况，大家不约而同地想到，父亲为什么不主动提出要见自己的亲属和弟子呢？难道他想不到吗？难道他是有顾虑吗？其实，这时父亲的思想已经发生了变化。最近我在整理父亲遗物时，发现了一页纸，上面写有一些文字，好像是一篇散文的草稿，标题是《亲属的分析》。文中这样写道："我以病（在）医院几年（其实也并没有真正的大病），亲属中真关心我的好像没有一个人。儿女联合起来，造作流言飞语，往我脸上抹黑。所以我常说，我没有儿女。我对所谓血统早就怀疑。"文章没有继续下去，但从这些文字却可以看出，那时父亲对于亲属甚至自己的儿女，已经持怀疑态度，从而不相信有亲情了。尤其是对自己的唯一在世的亲生儿子甚至有一种更加强烈的反感和仇视，当然，父亲的这种分析和实际情形完全不合。他能有这样的想法，很明显是听了某个或某些人的挑唆。是谁？是谁们？答案不是很清楚的吗？

后来不知道为什么，李玉洁也中断了和我的联系。父亲住院，她也不告诉我。她曾多次要了我的电话号码，并信誓旦旦地说要和我保持联系，可她从来也没有和我联系过。甚至父亲住院动白内障手术也不通知我。对于一个自称是“义务打工者”的人，我觉得对她不能过分苛求，但一个人若失去了诚信和人性，我觉得，人们则有权对她表示不满甚至谴责。2002 年年末，父亲病重住进了医院，他的病情多次起伏，院方几次报病危，可是李玉洁对此一直隐瞒不露。甚至连父亲得的是什么病我都无从得知。我只能从其他渠道了解情况。李玉洁的这种做法，使我很不理解、很气愤。在这种情况下，有人便说，为什么季羡林的儿子不去医院看望老先生？我明知去医院会碰壁，但在家人和许多亲友的建议和催促下，便决定去医院探视。2003 年 3 月的一天，我和一位同事一起去医院看望父亲。我去医院的前一天通过此位同事告知李玉洁，随后李玉洁又和我的同事通了电话。我的同事问李玉洁：“你怎么没有把他父亲住院的事告诉季承？”李玉洁的回答让这位同事大为吃惊。李玉洁说：“我没有这个义务。”我的同事听后很不理解，李玉洁怎么能这样说呢。第二天下午，我和这位同事一起去 301 医院探视父亲。事先我的这位同事给她打了电话。可是到了 301 医院，门卫却告诉我们，今天下午季羡林不会客。我感到非常意外。很明显，这是李玉洁的特意安排。经反复联系，李玉洁就是不让进去。她在里边发号施令，让杨女士（李玉洁介绍为季羡林工作的人）来回跑着传话，就是不出来和我们见面。就这样交涉了两个多小时，最终还是不让进去。我的这位同事冻得嗓子发炎，咳嗽了好几个月。李玉洁的这种做法，简直是没有人性和起码的礼貌。我不知道她这样做是为了什么！这使我对她信誓旦旦的表白，对她的所作所为产生了极大的疑问。我没法再信任她了。接着，李玉洁又让父亲在重病的情况下写条子给北大党组织，声称不愿见我。对此，我更加气愤。她的这种做法无疑是离间我们的父子关系；而要求（不说逼迫）一位行将就木的老人写这种条子，本身就是非常残酷的做法。我向北大党组织表达了我的这种看法，并要求李玉洁做出解释。这件事使我对她的人品产生了怀疑，对她这样做的动机和目的产生了巨大的疑问。后来的事实证明，李玉洁中断和我的联系，有意识地阻隔我们父子近亲，是她想完全占有父亲的私心的大暴露。如果在这之前，她还算“义务”打工，在这之后，她的思想完全变了，她从服务父亲变成想完全垄断、占有父亲了。这是一个十分清楚的分界线。

接下来，由于 SARS 的暴发，事情被耽搁下来。到了 2003 年 10 月，又发生了两件事，让人越发不能容忍。

蒋忠新是父亲的第一代大弟子，他在梵文研究方面极有成就，为人忠厚老实，对老师特别尊重，所以深得父亲的喜爱。但蒋忠新的身体状况一直欠佳，1998 年以后，由于李玉洁的阻挠，直到 2002 年他去世都没能见上父亲一面。2003 年 10 月，他的夫人王秀桂因为一本书的出版，需要父亲的签字。她去医院找父亲。刚巧李玉洁不在，父亲就同意让她进去见面。签字的时候，父亲发现合同上并没有蒋忠新的名字，就询问蒋忠新的状况。王秀桂只得以实相告——蒋忠新一年前就不在了。父亲知道后伤心地哭了，但随即就安慰王秀桂说，人总是要去的，不要过于伤心，并要王秀桂今后常来看他，到家里去玩。这时，李玉洁回来了，见状大怒，当着父亲的面大声呵斥王秀桂，追问是谁让她进来的，喝令她赶快离开。虽然父亲说，是自己让她进来的，王秀桂也解释不迭，但李玉洁仍然不依不饶。王秀桂见李玉洁激动得满脸通红、吐沫四溅、浑身颤抖，吓得跪在地上向李玉洁求饶。护士长看见这种情形，赶快陪着王秀桂离开，并对她说了很多安慰的话，还把医院的电话号码告诉她，说她可以随时打电话来询问。王秀桂因丈夫去世，精神本来就不好，这次受到李玉洁如此大的打击，生怕李玉洁要她担负父亲病情加重的责任，思想负担很重，第二天就打电话哭着对我诉说。果然，事后李玉洁就到处说，季羡林病重了，每天睡梦里都喊蒋忠新的名字，还常常流眼泪，就是王秀桂让季羡林的病情加重的。王秀桂知道后，思想压力更重了，多次给我打电话反复解释，精神显得很不正常。有人说，李玉洁这样做是出于对父亲的保护或爱护，但她这样横行霸道、栽赃诬陷，让人很难和上述说法等同起来！

9 月 18 日北京大学召开“胡适全集出版暨胡适思想研讨会”，父亲执意带病出席。我的表弟彭红（五舅的儿子）正巧也在北大同一个楼里开另一个会议。他得知父亲在另一个会场上，便去相见——他已经很久没有见到姑父了。父亲见到他很高兴，简单说了一下自己的病情，又问候了彭红父母的情况，并约他常去北大家里玩。正当彭红要离开的时候，李玉洁发现有人和父亲谈话，就过来干预，问他是谁，又是谁让他来的，要彭红赶快离开。彭红说：“我是代父母来看看姑父的，我不但在这儿可以见，还可以去 301 医院见。”李玉洁说：“你进不去。”彭红说：“凭我这个车的牌照哪里都进得去。”李玉洁就对彭红说，父亲要自己支付一些药品费、雇工费等；又说父亲把贵重的书画都捐了，钱也捐了，家里有没有钱她也不知道，总之，什么都没有了。蓝旗营的房子父亲也不要。彭红感到十分不理解，便打电话问我李玉洁对他说这些话是什么意思。我让他想一想，他恍然大悟说：“李玉洁太多心了，我怎么会想到那里去呢。”其实，李玉洁以前也曾经对我爱人说过：“季羡林把书画都捐了，钱也捐了，什么都没有了。你们死了心吧，什么都别想了。”后来我才明白，李玉洁那时为什么对我们的近亲说这些话，她的目的其实是十分清楚的，真可谓“司马昭之心，路人皆知”。远在国外的孙子孙女们说：“如果这是爷爷自己的意愿，我们一定会尊重。”但是他们想不明白，为什么这件事要由李玉洁来宣布？李玉洁是我们季家的什么人？

李玉洁的闯入，使父亲的晚年生活似乎增添了夕阳的光彩，使他从“轻生”转变为“温馨”“滋润”，几年来，生活得好像比较有滋有味。可是，父亲没有想到，他为这种夕阳红的生活将要付出多么高的代价。

父亲的爱情观

这里我想谈一谈父亲对于爱情及其实践的看法。这个问题，对父亲的一生是重要的，对我们这一家也是重要的。

父亲对于爱情一向谈得很少，在他写“人生漫谈”系列杂文的时候，一直写到三十几篇，还没有写到人生这个极为重大的题目。在不得已的情况下，在“丑媳妇迟早要见公婆”的心情下，才写了几段有关爱情的文字。

关于什么是爱情，一向众说纷纭，各路大家见仁见智，看法不尽相同，甚至有天渊之别。父亲则把人们对爱情的态度分为两大流派：理想主义和现实主义。而他把自己归到现实主义一派。从他写的仅有的三篇论爱情的文章可以看出，他不仅是现实主义派，还是超级现实主义派，或者说是极端现实主义派。他的第一篇文章是讲现实主义；第二篇是讲现实主义；第三篇还是讲现实主义。那么，父亲所谓的现实主义究竟是什么意思呢？说得极端一些，就是世上本无爱情，若说有，那爱情也只不过就是性爱。性爱是本能的，是易变的，是随机的。不用对它过于重视，花太多时间。

对于婚姻，父亲没有明确的论述，他认为婚姻只不过是缘分而已，和爱情并没有多大干系。既没有爱情，那婚姻也就谈不上是爱情的结束或开始。至于那些既不懂爱情又不懂婚姻的人，更应作别论。

他很赞赏文艺复兴时期法国思想家和散文家蒙田对爱情的看法。的确，蒙田对爱情、友谊和婚姻都有极为精彩的论述。他把友谊看得高于一切，给予极高的评价。而对爱情和婚姻则有一针见血的褒贬。他说："爱情是以身体的快感为目的，一旦享有了，就不复存在。相反，友谊越被人向往，就越被人享有，友谊只是在获得以后才会升华、增长和发展，因为它是精神上的，心灵会随之净化。""……爱情是一种朝三暮四、变化无常的情感，它狂热冲动，时高时低，忽热忽冷，把我们系于一发之上。""……爱情不过是一种疯狂的欲望。""……爱情主宰我们的时间愈短，我们的生命就愈有价值。"等等。

蒙田对婚姻也有极为独特的分析。他说："婚姻是一种明智的交易。""不管人们口头怎么讲，实际上人们不是为自己结婚……婚姻的用处和好处关系到我们的世系，远甚于关系到我们本人。故而，我认为这事由第三者来操办比自己亲手操办更好……更合适。"这说得多么精彩！他又说："假如好好缔造，好好对待，婚姻实在是我们社会再好不过的构件。我们少了它不行，然而我们又贬低它、践踏它。如同鸟笼一样：笼外的鸟儿拼命想进去，笼内的鸟儿拼命想出来。”“要缔结美好的婚姻，需要汇集很多良好的品德。”蒙田还谈到爱情和婚姻的不同目的、心灵与肉体的关系等问题，其论述无不切中要害，精彩至极。

然而，父亲虽自附于蒙田一派，但也认为，蒙田的观点“太激烈、太偏颇、太极端”。尽管如此，他是同意蒙田的，他愿意要求现今的青年，包括一般人，按照蒙田的理论去做。他甚至给青年们恋爱的时间长短做了建议：“短则半年，多则一年。”余下来的时间“为了个人、为了家庭、为了国家、为了世界”去“搞点事业”。理论上讲，这真是再好不过。可是我们冷静想一下，如果大家真的都按蒙田的看法去做，也接受了父亲的建议，那人类的生活将会成为什么样子？你不觉得那样的生活和由那样生活着的人们或家庭组成的社会，会太赤裸、太机械、太冷酷了吗？如果世界上的人，都成了蒙田或者父亲那样的人，事业一定会很发达，GDP 会很高，可是那有什么样的意义呢？

最近，我读了“中华文化名人书系”中的《谈爱情》一书。书中将从鲁迅到蒋子龙共 101 位近代名人的爱情和婚姻的故事，包括观点，集为一册，真是洋洋大观，五彩斑斓。大家如果有雅兴，可做读后评比。父亲有幸人选了四篇文章，是为冠军。但他的爱情观和实践，真可谓鹤立鸡群，独树一帜，恐怕只能算是等外了。与其他名人相比，父亲的爱情和婚姻观就像一根枯木，他的实践就像一张白纸和嚼之无味的蜡。可是，他真的像文章中所写的那样是爱情的冷血动物吗？也不尽然。他说他的婚姻是“父母之命，媒妁之言”的结果，也没有实行“婚后恋”，以便去建立真正具有感情的家庭。但是，为什么会这样，他从来没有交代过。他拒绝了他可能得到的初恋，拒绝进一步培植感情，从而使婚姻和家庭失去了幸福的基础。可是，在他的生活经历里，却也曾有许多位女性使他产生过爱的冲动，显示出他也有对异性的爱的渴望，可是都像天空中的流星一划而过。譬如，大家已经知晓的他与德国姑娘伊姆加德的恋情，就属于这一类。而与其他几个女人的瓜葛，似乎并没有达到所谓恋爱的程度，又似乎只是一厢情愿，但无论如何，他对她们的倾心，好像也是有回应的。其所以如此，我以为是受他自己的理论，也就是他所谓的现实主义的指导，让他成为爱情和婚姻的冷血儿。至于是什么原因使他有了他的理论，他的理论是否正确，只可能是智者见智，仁者见仁了。

所以我以为，不要把爱情和婚姻过于理想化，但最好还是不要把罩在它们上面的理想的光环摘掉，还是让爱情和婚姻戴着理想化的光环，这要比让它们赤着身子好。把事情的本质都放在光天化日之下，让人们的生活失去理想的光环（或说浪漫的光环），那人们的生活还有什么意思？理想的光环本身就是生活不可或缺的部分，人为地把它去掉，是对生活的扭曲。蒙田还说：“我本人对于不经过理性判断而在内心产生的这些意向，表示格外的淡漠。……有人抱着初生的婴儿充满热情，而我对这个……小东西，绝不会产生感情。”他主张“天性和理智相互推进”才会产生“真正的父爱”。这都是精辟的见解，可是如果人们都按照他的理论去做，世界将充满冷冰冰的理智，那人们的生活将会变成什么样子？我只能说那一定是很可怕的。理想地说，爱情应该是男女之间的情投意合，牢固的爱情应该是爱情加友谊（或感情），而且应该尽量是那种高尚的友谊。婚姻则应该是爱情加法律。因为婚姻是对爱情不专一的约束。在爱情的问题上，父亲既然持有与蒙田一样的观点，那他就像一只鸟，被人塞进了笼子，想出来但又没有勇气；在里面但又不甘心，不好好缔造，好好对待，偏偏又发展了蒙田的理论。结果，他的婚姻由于没有爱情和友谊做基础，徒具形式，酿成了他的生活和家庭的悲剧。父亲已经自食其果，还要把他的理论传授给大家。所以，我劝大家还是不要接受父亲的理论为好。

可是，父亲在处理和伊姆加德的恋情上，却又显示出了他另一方面的可贵之处。那就是父亲在面临抉择时表现出的高尚。伊姆加德爱上了父亲，父亲何尝没有爱上伊姆加德。大战结束，回国回家日程在即，如何抉择？大家知道，他选择的是了断。结果大家也是知道的。他牺牲了自己的感情，向传统投降，维护了原来的婚姻并且回到了祖国，回到了自己的家。这样，原来就有一个悲剧了，现在又增加了一个悲剧。所以就如同一位人士所说，在父亲的婚恋生活里，三位主角各自受到惩罚，彭德华为他终生守望，伊姆加德为他终生等待，父亲为自己和她们终生无奈。而他们三人的表现竟然是：彭德华无怨，伊姆加德无悔，父亲无奈，当然也是无悔的（如何悔？悔什么？）。三位高尚的人共同演出的却是同一出悲剧，这样的人生婚恋，值得歌颂还是批判？是什么理论可以解释的，又有什么人可以拿出万全之策？

在迟暮的岁月里，父亲饱尝自己爱情和婚姻观带给他的苦头，感叹着自己成了“孤家寡人”和“悲剧性的人物”，可是，他却不知道这正是自己酿造的苦酒。也许是命运之神的安排，他在饱尝苦酒的同时，却意外地似乎得到了一瓶甜酒，因为在这时，他意想不到地有了“不是亲属，胜似亲属”的“知己”，有幸尝到了家庭的“温馨”和“滋润”。对于父亲而言，这虽谈不上爱情，但至少是一种友谊的表现，他可以以此得到安慰，证明自己的爱情观和意气用事并不一定会给自己带来什么恶果。可是，他并不知道，给他造成良好印象的眼前的一切竟然是一种假象，正是在这种假象掩护下，人类最丑恶的东西被遮盖了起来，十分自信的父亲竟然也要为自己的自信付出代价，并用最大的毅力和勇气去纠正它。因为，曾被父亲誉为“不是亲属，胜似亲属”的那位义务打工者，在私利的驱使下正逐渐变成一个极端贪婪的人，她的目标已经不是为父亲服务，而是要整个占有父亲的一切。父亲常说，他不糊涂，谁要说他糊涂，谁才是真糊涂。全部的事我不敢贸然下结论，至少在这一件事情上，父亲却的确糊涂了一把。过分的自信，看来是靠不住的，人们应该汲取这一教训。

天意难违

2006 年 9 月，我从朋友处得知，李玉洁于 8 月 6 日突发脑溢血，病倒在父亲的病房里。

我不知道，父亲对李玉洁的病倒有什么反应，但从以往的经验来看，大概不会有什么明显的表现，不外乎表情沉重、少言寡语，而绝不会欷歔流泪、沉痛伤感。据说，父亲曾经给李玉洁写过苏轼的几句词，好像是："人有悲欢离合，月有阴晴圆缺，此事古难全。"让她"身体力行"。是抚慰，是感叹，抑或是怜悯，还是劝告？李玉洁可以有自己的理解，我却无从猜度父亲的真实所指。一段时间以来，李玉洁让人感觉似乎她已经成为父亲的夫人了。在和父亲的诸多合影里，她摆出来的那种姿态着实令人作呕。于是有的记者在报道里，竟然就把她称作季羡林的夫人，而李玉洁在接电话的时候，竟也并不否认她就是季夫人。李玉洁的病倒，很多人认为是天意使然。似乎父亲可以从受人"控制"的状态下解放出来，结束长久与亲人好友的隔离状态，恢复自由之身。然而事情并不尽如人意，父亲的处境并没有什么变化，他和外界的联系也没有什么改变，和近亲、朋友们的联系也没有什么不同，也就是说基本上都还是保持原样。我和父亲的关系当然也没有变化。2006年10月的一天，我的表妹弭金冬专程从济南来北京，要去301医院探视姑父。她本以为那位后任“秘书”可能会对她客气一点，可是没有想到，这位后任“秘书”并没有请示父亲，就一口拒绝了她，而且毫无商量余地。金冬很生气，从此对这位后任“秘书”再也不抱幻想。五舅和五舅母这时也萌动了探视父亲的想法，五舅母还写了一封信给父亲。她把信拿给我看，我读后觉得那信言辞朴实感人，信里除回忆过去的亲情而外，更质问父亲为什么要抛弃自己的儿子和至亲，为什么不让自己的儿子回到身边，为什么不见自己的至亲。但在得知弭金冬探视仍然遭到拒绝之后，也就只好作罢了。这时有一种舆论兴起，说有那么多人探视父亲，怎么就不见有他的近亲呢？他不是有儿子、孙子、孙女和外孙子吗？于是，远在美国的孙子季泓就接到了要他一家回国探视祖父的通知，路费由爷爷承担。2007年6月，季泓带着媳妇和两个孩子回到北京。在精心的安排下，他们和爷爷几次相会，天伦人伦，其乐无穷，据说封杀了那些说父亲没有至亲、不见至亲的舆论。可是，孙女季清、外孙何巍为何没得到邀请，其中缘由我并不清楚。差不多同一个时间，山东的几位亲友来北京看望父亲，我开车将他们送到医院门口。那位后任“秘书”看见我竟然也来到医院门口，便板着脸冷冷地说：“你怎么也来了？！”我的亲友们对此大为惊讶，后来写信给我说，令尊被人封锁隔绝了。少数有幸见到父亲的近亲（虽是近亲，但住地远离北京）后来对我述说，他们在和父亲交谈时，每当谈到亲友，特别提到儿子季承时，后任“秘书”总是立刻粗暴地打断，说不能谈这些，季先生不愿意听。因此，许多亲友极力劝我设法打破这种封闭隔绝状态，顺应天意，实现父子的团圆。

面对这种情况，我对自己发问，难道事情就要这样无限期地拖下去吗？难道为人子嗣，想恪尽孝道，求父子团聚，实现家庭和睦，有什么不妥吗？为什么有些人就是要阻拦我们呢？今生今世我们父子的团聚难道真的就没有希望了吗？

天无绝人之路，人心思和，天意难违，是难破的真理。2008 年 10 月下旬，突然爆出了一件“季羡林藏品被盗卖”事件。举报人张衡在拍卖市场购得多幅上款是季羡林的画作，于是怀疑有人盗出了季羡林先生的珍贵收藏。他认为季羡林先生处境危险，呼吁人们给予重视，并决定向北大和公安局报案。

稍早的时候，还发生了那位后任“秘书”被辞退、张衡和蔡德贵被父亲委任为助手的事情。父亲因为受不了后任“秘书”的对待，早有撤掉她的意思，但苦于没有机会向有关领导表示自己的意愿。于是他悄悄向著名记者唐师曾发出了要他来医院见面的请求。唐师曾和几位朋友，好似地下工作者一样，潜入 301 医院，取得了父亲亲笔写给温总理请求辞退后任“秘书”的信，又通过特殊渠道交了上去。很快北大撤回了后任“秘书”。

在这种情况下，社会舆论沸沸扬扬，莫衷一是。我完全不知根底，不知发生了什么事情，依然身处局外。大概是在10月底的一天，张衡派人给我办公室送去了一套复印材料，其中有他拍购的字画以及父亲写的几张便条。11月3日下午，我与张衡见面。他向我介绍了近期发生的种种情况并声称父亲处在危险之中，希望得到我的支持。我仔细看过他给我的复印材料，觉得他买的那些画恐怕都属于假造，连赝品都不是。第二天，我就打电话告诉他我的判断。由于张衡已经得到了李玉洁的一些证词，说明其中确有真品，所以张衡对我全盘否定的意见难以接受。但是，由于我与父亲隔绝已久，不了解情况，不能提供什么帮助，纵使心急如焚，也只能隔岸观火，爱莫能助。因此，真画乎，假画乎，流失乎，没流失，一时难以定论。就在这时，一件意想不到的事情发生了。11月初的一天夜里，张衡打电话给我说，父亲在医院里的护工小岳要和我通话，并把她的电话号码告诉了我。我立刻拨通了她的电话。她告诉我，李玉洁的后任已经不来医院了，张衡和蔡德贵也没有管事，那时在医院的父亲基本上处于无人照料的状态，急需有人看护和处理各项事务，特别是自己的亲人。她经过了解，知道季先生有儿子，不明白为什么不让儿子来照看自己的父亲。她征求父亲的意见，问：“儿子要来看你，你让他来不？”父亲说：“儿子真的要来，我欢迎。让他来！”小岳心急如焚，连连敦促我尽快去医院。这真是出人意料。父亲的召唤使我十分激动，这时我猛然意识到，原来父亲正在期盼着自己，或许已经期盼很久了。我思前想后，觉得父亲这样决定，实在体现了他的勇气，也是他的大智大慧的表现。这是绝处逢生，别无选择，但更是顺从自然，回归人伦，更可以说是他一个充满勇气的举动！这才是真正的“求仁得仁”！这才是天意难违，人性难违。这才是世事沧桑，变幻有定。

我和小岳商定于11月7日上午去医院会见父亲。小岳嘱咐我一定要带一些季先生喜欢的家乡吃食，因为他实在厌倦了医院的饭菜。11月6日晚，我和妻子小马赶制了两样济南家乡饭菜懒龙和十香菜，随后我彻夜未眠，脑海里总是翻腾着明日上午会见父亲可能发生的一切。我设想了对父亲要说的话，以及父亲可能的各种反应。但我终归不能肯定那究竟会是一种什么情形。难呀，十几年隔绝，人在咫尺，心各一方，意气指使，互不相让，为人利用，后果难耐，一旦相逢，如何言语？

第二天上午，我带着准备好的家乡济南小吃，怀着如进考场一样惴惴不安的心情到了301医院。小岳替我办好了并不合规定的进院证，唐师曾、蔡德贵、李小军诸位也设法和我一起进了医院。当我走进父亲住的2号楼403病房的时候，只见父亲端坐在一张小桌后的沙发上，神情静穆，略显紧张。我立即走上前去，在小桌前向父亲磕了三个头。然后我走近小桌旁的椅子，未敢就座，说道：“爸爸，我给您请罪来了。”接着我听到了十三年来父亲的第一句话：

“你何罪之有啊，这些年，我何尝不是天天想念呀！”

我说：“我现在还是给李政道先生做助手。他和你一样是个工作狂。”

父亲说：“工作狂好，当懒人，没有出息。”

我又说：“以前也想来看你，就是进不来，以后就好了。”

父亲说：“父子团聚是人之常情，不希望我们团聚的人是不正常的。”

我说：“十三年来，我每天上下班都经过医院，也专门来过医院多次，就是进不来！”

父亲说：“为什么有这么多障碍？我了解一点，但不懂。”

我说：“十三年了，我很想念父亲。”

父亲说：“我没有年的概念，但我知道时间是很长了，太长了！”

这时，我激动得泪流满面，但旁边有人提醒我不要失态，于是我把带去的食品请父亲过目。这两样食品是父亲非常熟悉的，也是非常喜欢的。他看后说，很久没吃过这种东西了。据小岳说，午饭时父亲吃得特别高兴。

接着，父亲谈起了偷画的事情。他说，他几年前就觉察有人偷画。他们当着他的面叫爷爷，背后就偷他的画。不用成立什么调查组，很清楚嘛。他又说，有人甚至要毒死他，因为他死了就没事了。又因为他知道得太多了。

我们谈了很多。他询问了在北京的各位亲属的状况，特别关心我五舅和五舅母的情况。在得知他们还健在的时候，他说很不容易，因为他们一位已经93岁，另一位也已是90岁高龄了。我告诉父亲，他们非常想念他，很想来看望他，可是不但没有来成，连在父亲面前提到他们都不允许，甚至有人蛮横地说哪里有这门亲戚。随后，我们又谈到济南的诸位亲友，谈到在国外的孙子、孙女和外孙子三家的情况。我告诉父亲，所有远近亲属，都十分关心他的病情，很多人都要来看望他。父亲听后非常高兴。到此时，父亲在别人挑拨忽悠之下，在自己脑子里形成的“亲属无情论”，以及对我的那些中伤诬陷，全化为乌有，所谓冰释前嫌，不过如此。

我向父亲报告，已经和前妻离婚，和马晓琴结婚并于去年7月生下一个男孩。我说，小马是个很好的孩子，她知道关心体贴人，知道孝顺父母，知道节俭。她文化水平虽低，但是人品好。她非常怀念和父亲相处的那几年，很想能够再来伺候父亲。父亲随即询问小孩有名字了没有。我告诉父亲，小家伙取名“宏德”，用的家谱上的名字。父亲对这个名字很赞同，说这个名字很好。又问我是不是还上班，现在住在哪里。我都如实相告。父亲显得特别满意和舒心。

我们谈话的时间很长。父亲想知道的事情太多了，想说的话也太多了。在随后八个多月的时间里，父亲和我谈了很多，很多。

十三年隔绝，父子重逢，人伦回归，可以见证一个真理：天意难违，人性必胜。

温馨的八个月

从2008年11月7日我与父亲重逢，到2009年7月11日父亲突然去世，共8个月零4天的时间。按天数计则是246天。当初，我是做了长期打算的，因为父亲的健康状况很好，他活过100岁完全没有问题。所以，我从2009年6月起就辞去了高科中心的工作，准备用全部时间照料父亲。当时我们家的情况，可以说就剩下了两个孤家老人，不仅孤，而且都已老朽，父亲算一个，我也应该算一个。我虽然有自己的家庭，但儿子幼小，嗷嗷待哺，妻子无暇顾及父亲。实际上就是我们这两个孤家老人在维持季家的门面。可这个门面却是要多大有多大！老板尊坐在医院里，我这个老小伙计可就忙得不可开交了。除了应对来自社会各方面的事务之外，使我最犯难的就是如何解决父亲的一日三餐。父亲夸奖301医院的伙食是最好的，虽说如此，让一个年及期颐的老人常年一天三餐都吃食堂的饭，其不堪程度也是可想而知的。老人的长寿秘诀之一是不挑食、不忌口，又奉行“给什么吃什么”的克己原则，从不点饭菜。如果你问他今天想吃什么，回答一定是“有什么吃什么”。这些都是很高尚的原则，可是饭菜却是非常实际的东西。可口的，父亲能够多吃，不可口的吃得就很少。每当我看到他对着满桌子的饭菜而不动一箸的情景，心里就像被刀割一样疼痛。有什么办法？只有自己动手为父亲制作。和父亲重逢的初期，我每天不是亲自动手烹调食品，就是去饭馆里选购父亲喜欢的饭菜。一般说来，早餐由小岳购买或制作，晚餐由我负责安排，中餐则略作改善，再辅之以水果、奶制品等，应该说营养还是很充足的。父亲最喜欢的一些食品，如红菜汤、皮蛋粥、南瓜粥、胡萝卜羊肉水饺、山东风味的麻酱面、西安风味的羊肉泡馍、全聚德的烤鸭、月盛斋的酱牛羊肉、北京的豆汁等，我都在“第一时间”让父亲品尝到了。父亲连连夸奖说，这些东西都很久没有吃了，好极了。另外，还有许多朋友经常给父亲送来各种食品，既丰富了父亲的食谱，又是对我的一个极大支持。我由衷地感谢这些朋友们。吃食上的改善，是我们父子亲情的一个重要体现，也是家庭温馨不可或缺的因素。每当我坐在父亲旁边陪他吃饭，看到父亲食欲很好，食量加大，我的心情就极端舒畅，晚上就可以有一个安稳的睡眠。否则就内心愧疚，情绪低沉，难以自已。

11 月 8 日，我们父子重逢后的第二天，晚饭时，父亲郑重其事地邀我和他一起吃饭。我说：“您先吃。”他说：“咱们一块吃，在家里的时候不就是一块吃的吗，饭菜够吃的。”然后，边吃边聊。他说，有人让他选几位他一生最满意的人，结果选来选去，选出来四位全是女的。第一位是大奶奶，也就是大大爷的母亲，村里举人的夫人。父亲小的时候，她特别疼爱他。那时父亲家境极端困难，没有细粮可吃。父亲每天早晨一起床就往大奶奶家里跑，每次都能弄到一点白面馒头，故而感恩终生，将大奶奶选作第一名。第二位是父亲的母亲。她姓赵，但是没有名字。之所以入选，父亲没做过多的解释，我从父亲的叙述里知道，那是出于一种天性和深切的悔。第三位是父亲的妻子，我的母亲。这多半是出于对自己妻子的为人和品德的理智的尊敬和肯定。第四位是父亲的第二位婶母，我的叔祖母。原因是，叔祖母在父亲出国留学长达十几年期间，不辞辛劳，把整个家维持下来，把自己的两个孩子抚养长大。父亲知道，为了生计，婶母曾经骑着骡子下乡充当土地买卖的中间人，俗称“伢子”。很不容易呀。可是，在当时，父亲却不同意叔父和这位婶母结婚，并且借故说要出发去德国，而提前离开了济南。现在他对这一点表示了深切的懊悔。

于是又说到叔祖父。父亲说，叔祖父这个人，脾气乖张。他很少看到叔祖父脸上有笑容，只是在酒足饭饱，打麻将和了几个满贯之后，才难得显出笑容。父亲说，叔祖父把他从农村接到济南，让他念书成才，对此他表示感激，可是只有感激，却没有感情。第一位婶母，另眼看待这个从农村来的侄子，许多事情虽算不上虐待，但足以使父亲感到极度委屈了。

谈到婶母，父亲说，老祖是好人，保姆小杨背上长疮，她说，这种疮如果向外发，问题不大，如果向里面发，就很严重，而小杨背上的疮就是向里面发的。老祖不但给小杨治病，还留她在家里住，管吃管喝，最后把她的病治好了。

那一天，还谈到“侠”和“士”。他从清平官庄的贫农单身汉胡二疙瘩谈起，说中国社会里有一种人，应该是属于流氓无产者，在他们身上有一种侠气，行侠仗义，扶弱济贫，也即所谓“路见不平，拔刀相助”，“为朋友两肋插刀”。这些人属于“侠”一类。在他们身上有一种侠气。父亲说，爷爷就有点侠气。我说：“在你身上也有侠气。”他笑了笑，说可能也有点。至于“士”，并不一定都是知识分子，他们身上也有一种“气”，可谓之“士气”，坚持真理，勇于抗争，刚直不阿，精神独立，思想自由……中国的侠和士，外国是没有的，也不好翻译成英文。堂吉诃德是侠气之徒，但中国的侠士精神有传统，外国没有传统。

这一天，就讲了如此之多！

我们谈话的内容很多，涉及面很广，父亲真是敞开了心扉，放开了胆量，可谓无话不谈。除了谈话，这八个月里，还有几件事值得记录。

五舅、五舅母和父亲见面，在上面已经写过，那是我和父亲见面后的第三天。在第七天时，也就是 11 月 13 日，我带着我年轻的妻子和年仅三个多月的幼子来到病房。父亲见到他们非常高兴，马上把小孙子接在手里，但立刻感到很沉，便说：“他长大了会比我重，现在我只剩下一百斤了，我抱不动他。”父亲很想亲一亲自己的幼孙，可是刚想把小家伙的脸凑到自己的脸上，却说：“我不能亲他。我的胡子会把他的脸给扎了。”尽管如此，这时小家伙的脸已经贴在爷爷的脸上了，不敢亲，也得亲，祖孙二人亲在一起了。这时候我说：“爸爸，您去德国留学的时候，我就这么大，三个月啊。现在，您又有了孙子，和您相差 97 岁呢。”父亲听后直点头，满脸笑容，十分快乐，十分开心。这时父亲拿出一个红信封，递给小家伙，里面装的是 3000 元钱，是见面礼。父亲说：“我手头没钱，是向阿姨借的。”小家伙站在父亲面前的小桌上，两只手抓着爷爷的手，父亲说：“他的手很有力气，腿也很有劲。”接着就问：“有没有巧克力？”回答说没有，有香蕉。父亲便拿起香蕉喂孙子，小家伙使劲去咬，恨不得把整个香蕉都吞在嘴里。那天小家伙表现特别好，不认生，不哭，不闹，和爷爷玩得很开心，一会儿站在小桌上，一会儿躺在小桌上，十分可人。

我的妻子，作为父亲的儿媳妇，我的幼子，作为父亲的孙子，和我的父亲见面，情形如此融洽，如此感人，根本没有什么嫌弃、陌生、勉强之感，这难道还不能说明问题吗？

在这次祖孙团聚之后，我的妻子和小儿子还多次去医院看望父亲，其中有两次值得给大家讲一讲。

一次是 2009 年 1 月 25 日，那是旧历年除夕。事先我和小岳、护士长、秘书等人商量好，要和父亲一同欢度春节，因为这个春节是我们父子团聚之后的第一个春节，一定要热热闹闹地过。中国烹饪大师张春生自告奋勇，要为父亲和大家准备拿手好菜。护士长要准备最好的饺子馅，新任秘书要带来可口的家常菜，还有许多朋友要送来美味的食品。那天下午父亲刚刚起床，病房里已经开始忙碌起来。先是护士长带领护士和警卫、战士们来布置房间，不一会儿，病房就充满了节日的热烈气氛。转眼包饺子的案桌就布置停当，包好的饺子已经摆满了一桌子。张春生大师和新华社记者施宝华、唐师曾等人陆续来到，运送美味佳肴的大提盒逐个打开，到这时，屋里已经充满了食品的诱人香气，令人不禁垂涎欲滴了。请看张春生大师的菜谱：鲜活海参汤、贡米鲍鱼、奶油烤鱼、虾丸汤。父亲逐样品尝，赞不绝口，甚至说出了以下溢美之词："我吃了一百年饭，没有吃过这么好的！"这时，父亲因景生情谈起了中国的饮食文化。他说，中国的饮食文化是独特的。袁枚在南京建造随园，曾写过一部《随园食谱》。当天晚上，大家欢聚一堂，品尝美食，祝贺父亲春节愉快，健康长寿。父亲则兴奋异常，话匣敞开，高谈阔论，丝毫没有倦意。大家顾及父亲的精力，相约在晚九时结束聚会。

值得一提的是，这次春节聚会，我的妻子和小儿子也参加了。小家伙一到病房，见到爷爷就满脸笑容，和老人非常亲热，毫无陌生的感觉。自此以后，小家伙每次见到爷爷，都是如此。后来但凡见到爷爷的照片，也顿时开心欢笑，先用小指头去指画照片上的爷爷，然后就把照片凑到脸上去亲吻。冥冥中他们祖孙好像有一种缘分，很多人都说，如果这个小家伙能继承其爷爷哪怕部分业绩也是幸事一桩，爷爷在九泉之下定会欣慰无比。

一次是2009年6月21日。这天是父亲节，徐淑燕提议和我们一家一起去看爷爷，她要带她的孙女格格和儿子小军去；我则和我的妻子、小儿子同往。那天，风和日丽，天气十分宜人。下午三点半，我们六人在301医院父亲的病房相会，一起向他老人家问好。李铮的孙女格格第一次见爷爷，她规矩地站在爷爷的小桌前给他鞠躬问好，和爷爷一起合影留念。父亲高兴地抚摸格格的头，慈爱地问她念几年级了，书念得怎么样。格格则一一作答。小宏德一见爷爷，好像见了故人一样，表现得非常亲切，站在爷爷面前的小桌上和爷爷亲热。从上次来看爷爷到这时，已经过去差不多五个月，小家伙长大了，更懂事了，爷爷也更加喜爱小孙子，拉着他的小手，又要和他亲吻，小家伙竟然就把脸凑了上去。

那天，父亲十分欢愉，十分动情，欣慰之意充满面庞。我们给父亲带去了他最喜欢的胡萝卜羊肉水饺和鸭汤炖白菜粉丝豆腐。他问："这汤好极了，是从哪里弄来的？"我说："是自己炖的。"他非常满意，吃了很多。

八个多月里，我和父亲和睦相处，无话不谈，不过，父亲关心的多半是国家和世界上的大事。一般，他午睡后起床就问："《参考消息》来了没有？"当我摊开《参考消息》的时候，他第一句话总是："头条是什么消息？"2009年名列头条新闻的全球金融危机、

H1N1 型流感最受父亲的关注。他曾多次问我："金融危机是怎么回事？"他说，他不懂经济学，不知道怎么会一下子就闹起金融危机来了。父亲很关心中国的情况，总是问受到的影响大不大，老百姓的生活怎么样，政府采取了什么措施。他认为，流感是自然界里不可避免的现象，只要防范及时得当，就不会失控，让它不发生是不可能的。父亲对于改革开放三十周年、建国六十周年、朝核会谈、索马里海盗、陈水扁被羁押、云南地震、房地产市场等消息都十分关心，经常要我给他念这方面的消息。

在这八个月里，有许多人到医院里来看望父亲，几乎每天都有，都是由我安排，而我总是尽量满足来访人的要求。父亲对来人也都是认真接待，客气应对，有问必答，有求必应。许多人请求父亲在书上题名，请求为某一事件题词，父亲基本上都是立马动手，毫不拖延。譬如，他给他的母校济南实验小学题词："桃李无言，下自成蹊。"落款是"季羡林时年九十有八"。在落款上，父亲还写过"时年九十有九""时年百岁"等，并开玩笑说："吹一下！"或"吓唬他们一下！"这说明，父亲对活到百岁充满信心，或者说对百岁充满期待。他的题词充满智慧和情趣，在为《文艺报》庆祝国庆六十周年题词的时候，父亲只写"百花齐放"，说，就不"争鸣"了吧。另外像"爱国、孝亲、尊师、重友""和谐""和为贵"等都是他极力提倡的思想。父亲的题词极多，这里不过多叙述，留待以后专门介绍。

父亲除了会见亲友，还有一项固定的工作，就是口述历史。他口述，由蔡德贵老师记录录音。每天进行约两个小时。父亲对这项工作非常重视，一般在中午午睡后就开始。所以，父亲每天午睡起来就端坐在沙发上，等待蔡老师的到来。而蔡老师往往都是提前来到，坐在走廊的窗台上等待。工作进行得十分顺利，在父亲去世之前，已基本完成。蔡老师不但是有成就的学者，还是烹饪能手。他每次来医院，都给父亲带来可口的饭菜。所以，只要蔡老师来录音，父亲晚饭就有好吃的，所以老人家的付出立马就有回报，说起话来就有精神头。

父亲出不了门，可是在病房里也能搞一些社会活动。譬如，5 月 12 日是护士节，父亲老早就提醒我要给护士们过节，要买蛋糕，要给护士们签书，甚至要给护士们发红包，后来考虑到都是国家干部，不方便，才没有发。节前一天，我专门到知名的店里去订了一个大蛋糕，第二天父亲和护士们分享蛋糕，共庆节日，十分热闹。那个蛋糕制作得特别精致，总体是奶油的原白色，上面点缀着几百朵白玫瑰花，红色的“护士们辛苦了”字样，显现出父亲对护士们的感谢和热爱。父亲持刀切了一小块蛋糕并象征性地品尝了一口，说：“请护士们吃吧！”说时迟，那时快，一转眼那个大蛋糕就没有了踪影，不是被护士们吃了，而是被护士们给推走了，推到她们的休息室去了，这样护士们就可以放开享用了。父亲知道后，高兴地笑了起来。

父亲在病房里，还忘不了行侠义之事。他多次说过，他现在是被周扒皮扒得只剩下一张皮了，是“穷光蛋”了。可是，即便如此，他仍然不忘行侠义之事。每逢节日或得了稿费，都要发红包。不过，红包是不发给家人的。楼道清洁工、护工、秘书都有份。常常中午得了稿费，晚上就散发红包，多者每人数千元，少者两千元。谁要是客气不好意思要，他就会略带怒气地说：“你真的要退回来？！”

在这八个月里，有一个问题使我非常为难，那就是父亲总嚷着要回家。他对我说：“我其实没有病，老住在医院里干什么？又花那么多钱。蓝旗营的房子，你拿到钥匙了没有？我们回家去住吧。”那时虽说我已经拿到钥匙，可还没来得及收拾。退一步说，即便收拾好了，我怎么敢让父亲回去？虽然父亲看上去像正常人一样，可病历上却列着将近20种疾病，而且他年纪已接近百岁，又有“五进宫”（五次进出医院）的前科，让他再次回家，实在太冒险了。可是，不让父亲回家，做儿子的也很难说出口。真是左右为难。于是我只能这样说：“钥匙刚刚拿到，但是里面还没有来得及收拾，现在不能住人。等收拾好了，天暖和一点，咱们先回去看看，再说。”随后，我又鼓起勇气说：“家里的条件很难和医院相比，一旦发病，难以及时救治，有风险。恐怕医生也不会同意你出院。”经过再三劝说，父亲终于不再坚持，同时他也说了一句和缓的话：“我也怕再来个六进宫。”

在我们父子团聚后的这八个月里，还有很多的事可以记述。一言蔽之，这段时间真是充满了温馨、真情，是我们父子之间最为融洽的时光。父亲对护工说，这是他一生中最愉快的时光。我觉得，这是父亲的由衷之言，父亲是不会说假话的。

严肃的嘱托

自从我们父子相见，有大量的事情等着我去做，首先是父亲的内部事务，这已经被搞得一团糟。譬如，工资、版税、房产、文物书画等。父亲心知肚明，对现状非常不满，于是便有意进行“拨乱反正”。父亲做这些事，只能委托于我。所以见面没几天，就在 11 月 15 日，季清回来看望爷爷的前一天，父亲就对我说起了他身边某些工作人员的作为。他说：“他们太贪钱，太喜欢钱，让我写字，一幅一万元，写了几十幅，可钱都上哪里去了？还有许多稿费，也不知道去处。我现在是穷光蛋，身无分文，就剩一张皮了，再剥就只有骨头了。”于是他说：“现在，我把钱、两处房子以及所有的财产，都交给你保管。”我说：“您放心吗？”父亲说：“怎么不放心？我放心。”第二天，我和季清一起去看父亲，他十分高兴，当得知他住处的钥匙、工资卡、户口本、存款单据等都不在我的手里时，觉得很奇怪，说：“钥匙在 ×× 手里，北大不会管这些事。×× 手里还有许多东西，要让她交给你。”过了一段时间，他终于明白了，事情并不像他想的那样，便同意我去向学校交涉，要回上述物品。11 月 17 日，父亲针对上述情况，给我和季清写下了第一份委托书：

× × 同志：请你将你保存的我的日记、文稿、书画、钱、礼品等全部物品交给季承、季清二位。谢谢！

季羡林　2008 年 11 月 18 日

这份委托书是我执笔书写的，给父亲念了两遍，父亲认可并签名。

次日，我和女儿季清以及卞毓方老师一起去 × × 的病房，向她宣示了父亲给她写的条子。我对她说："感谢你多年来对季先生的照顾。现在季先生请你把这些东西交给我。"见了我，× × 有些激动，脸涨得通红，因为中风，言语不清。她首先便解释为什么不让我见父亲，说："开始我还劝你们，后来爷爷病多，反反复复，比较忙，就把你给忘了。"随后又说，她这里没有季先生的一分钱，钱都交给了其他工作人员，日记、手稿也交给了他们。蓝旗营房子的钥匙，为了避嫌，放在她的儿子手里，他 12 月 8 日从国外回来，可以交给我，等等。

我见她旧习不改，仍是满嘴谎言，实话稀少，就不愿意和她过多计较，劝她好好养病，就离开了病房。

12 月 14 日，我去医院要钥匙，她却说："你来晚了，我把钥匙

给了 ×× 了，她是代表组织上要，不能不给。”我一听，就知道她又在撒谎、耍花招，随即离开。就这样，直到 2009 年 3 月我才得到自己家的房门钥匙。后来了解到，钥匙原本就在 ×× 手里，她说放在儿子那里也是谎话。

11 月 20 日，父亲又给我写了两份文件：

1. 以前写给 ×× 的一切文件统统作废，因为时过境迁，保存已无必要。

2. 委托季承负责处理我的事务。

为了避免 ×× 挑剔，这两份文件全部都是由父亲亲手所写。

父亲的授权，给了我和有关方面打交道的方便，但是并没有完全消除某些人的偏见，有些人不相信或者说不承认我能够代表父亲处理他的事务。所以，在相当长的时间里，父亲的事情处理起来非常困难。接下来大约一个月的时间里，我竟然连自己家的开门钥匙都没有拿到，连看门的雇工都不听我的招呼。更令人不解的是，有些人竟诬蔑说我是坏人，是某某事件的后台，是不孝之子，和父亲相见是为了抢夺财产，等等。父亲见我遇到困难，又于 12 月 6 日在蔡德贵和李小军的见证下，给我写了几份文件：

1. 全权委托我的儿子季承全权处理有关我的一切事物、务。

2. 我生平好聚书，一生藏书大约有几万卷，我把这些书放在某图书馆，作为特藏，只供人阅读，不能同其他书籍混合编目，只能让人阅读。

3. 有几件事情在这里声明一下：

（1）我已经捐赠某高校一百二十万元，今后不再捐赠；

（2）原来保存在某图书馆的书籍文物只是保存而已，我从来没说过全部捐赠；

（3）蓝旗营院士楼应该改在我的名下，我出钱。

这些文件，对于我处理有关事务，帮助很大。得到父亲的信任和嘱托，我决心要把父亲关心的事情办好，让他老人家安心。

另外，父亲对于他的财产，包括文物收藏、住房、存款等的归属是有自己的想法的。上面的几份文件，就是他的意愿，明确无误。如果说遗嘱，这就是他的遗嘱。除此之外，他曾多次对我说，他只有一个儿子，唯一的一个儿子，他的钱和东西都是儿子的。譬如，有一次，有人给他送来稿费，他把钱拿出一些要发红包，剩下的立刻交给了我，说："我的钱都是你的。现在没有多少，以后会有的。"又如，2009 年 4 月 2 日，在清点完了 13 公寓的物品后，他就对我说："我这些东西都是你的，由你处理，反正我只有你这么一个儿子。"护工小岳曾建议他写一份遗嘱，他说："写遗嘱干什么？我就这一个儿子，没有人和他争财产。他也没有要我写遗嘱。"的确，我没有让他写遗嘱，一方面，我觉得父亲的身体还很好，还有时间处理这些事；另一方面，我觉得我刚刚和父亲团聚，就让他写遗嘱，实在不妥。其实，我和父亲当时都还没有意识到，他已经为我写了好几条遗嘱了。再说，我有信心处理好父亲的遗产问题，无论是对社会，还是对家庭内部。

社会舆论对于父亲的遗产非常关注，我觉得，这主要出于对这部分重要遗产的命运的关心。在早些时候，父亲就曾与某高校签署过捐献自己的文物和书籍遗产的意向协议，但是在后来发生的“季羡林藏画流失事件”的影响下，人们对于这部分重要文化遗产的命运深感不安。但是，不管这些文化遗产的命运如何，父亲和我们家人在处理这个问题上的意见都是一致的，那就是在法律规定的范围内，我们会妥善地加以处理，不会辜负社会的关注。至于流失的问题，我也一定会把它搞清楚，向社会做出交代。

在家庭内部，父母亲遗产的合法继承人除了我，还有我姐姐的儿子何巍，他在自己的母亲去世后，就成了“代位继承人”，和我具有同等的继承地位。对于这一点，我是完全明了的。虽然在父亲的心里，认为过世的姐姐已经没有继承的问题，季家的全部财产都归我所有。他写的几份文件，就表达了这个意愿。我是他的遗嘱继承人，他已经把他的全部财产都交给了我。因此，在有了父亲的上述各项书面遗嘱的情况下，如何确定何巍的继承权仍是需要研究的问题。在这种情况下，我可以通过法律途径证明父亲的意图，也可以通过协商，在法律的基础上和何巍妥善解决问题。我虽被授予全权，但一定会按照人情和法律处理好遗产问题。对于妥善解决问题，我充满信心，相信在我们这个人情还没有完全丧失而法制又逐渐健全的社会，这个问题一定能够解决好。

歪打正着——藏画流失事件终见结果

前面提到，由于张衡的揭露，季羡林藏画流失事件在热热闹闹、沸沸扬扬了一段时间之后，因没有结果而逐渐沉寂下来。张衡举证说明季羡林先生藏画确有流失。但是，谁也没看到司法部门介入，也没看到举报人受到有关部门的访问，那些拍来的画作也没有人拿去鉴定真伪。舆论着急，读者着急，可就是摸不着头脑。一时间事情真相，谁是谁非，莫衷一是。更令人不解的是，过了没多久，张衡忽然宣布要写下遗嘱退出藏画流失事件，并声称这一事件是他发起的，他仍然会对这一事件负责，大有准备为此事件而壮烈牺牲的气概。他的这种表现颇有一点侠气，给这一事件添上了神秘的色彩，更使媒体和读者要去刨根问底，但所有的努力都是无果而终。我和张衡素不相识，对父亲的收藏也不甚清楚，虽有很多人希望我对此事件表态，但我的确没有什么可说的。当然也有人怀疑我和张衡串通一气，把目标对准父亲身边的某位工作人员，进一步又说我是张衡的后台，字画流失事件实际上是我一手制造的，等等。但巧合的是，就在事件闹得沸沸扬扬的时候，我却和父亲相见了。父子被隔绝十三年后的突然相见，更使外界猜测纷纭，主要是说我趁机和父亲和好，目的是为了夺取财产。在知道我父亲的遗产并不需要我去抢夺而自然属于我的时候，外界就去质问父亲是不是把财产全捐出去了，捐出去的财产是不是有流失。我当然十分想了解真情，按说父亲也应该最了解真相。我和父亲见面后，还没等我发问，父亲便主动讲起来。父亲对于自己藏品的流失坚信无疑。不用成立什么调查组，事情很清楚。他们就是想弄几张画去卖钱。对这种事情要“认真对待，一笑了之”。父亲既然这么说了，我当然要认真对待，至于一笑了之，那是他老人家的事。可是怎么样认真对待呢？我既不知道父亲有多少藏品，也不知道有人曾经偷过或打算偷父亲的藏画，真是一筹莫展。就在这个时候，有关负责同志前来向父亲报告他们清点书画的结果。2009 年 1 月 13 日下午，两位工作人员来到病房，对父亲说：“你那些书画经过严格清点，现在的结果是：总数是 ××× 幅，其中古画 ××× 幅。没有流失的情况。”

父亲随即询问了几幅他最喜欢也是最重要的画的情况，包括苏东坡的《御书颂》和陈老莲、齐白石的画等。回答说都在，都没有流失。父亲听后很高兴，说，他的这些画如何处理需另行研究，他的家乡临清是运河边上的大城市，可能要捐给他们一点。他们说，父亲的藏画都妥善地保管着呢，如何处理，由父亲决定，父亲如何说就如何做，说捐就捐，说不捐就不捐。其他物品，如工资卡、户口本、住房的钥匙等都会交还的。我随即当着父亲的面代表父亲表示，我们承认清点结果，目前我们还提不出流失的具体线索，希望对方能提供画品目录，以供父亲过目检核，并将检核结果向社会公布，以回应社会的关切。我又重申，父亲过去的捐赠，由于没有考虑和母亲析产，采取的又是裸捐的做法，侵犯了母亲以及合法继承人的权益，因而那次的捐赠应该是无效的。过了三天，1月16日，两位工作人员又一次到医院来访问父亲，报告了对方对于这件事情的处理决定。其中关于藏画，仍然是听从父亲的意愿，父亲现在如何说就如何做。父亲说他会对如何处理他的藏画发表意见的。八件事，简要说来是：

1. 交还 ×× 保管的工资、存款；
2. 蓝旗营的住房归季羡林先生所有；
3. 蓝旗营住房内的物品由学校和季承一同清点后交还；
4. 13 公寓两套住房由学校收回，里面的东西待清点后交还季承；
5. 今后医院属于自费开支的部分由个人负担，学校不再给补助；
6. 现在的工作人员撤回；
7. ××× 幅藏画捐赠与否由季先生决定；
8. 季羡林的图书在图书馆单独编目，供读者阅览。

两位工作人员随即把工资卡、存款单、身份证、户口本等物品交给了父亲，我代他一一收下，但住房钥匙没能交还，因为要等待清点。同时交给我的还有一份 2001 年的捐赠协议书原件。

经过两个多月的延误，终于在 2009 年 3 月 23 日下午开始对蓝旗营父亲住处里的物品进行清点。清点一共进行了三天半，出人意料的是，在某位工作人员的卧室隐秘的橱柜里发现了大量的珍藏文物，这些文物应该是父亲 2001 年后想交给某高校保管的一部分。工作人员刚刚对父亲说过，文物没有流失，可是这里怎么又出来这么多文物呢？而且最重要的一件文物，也就是父亲和社会舆论都极为关切的那幅苏东坡的《御书颂》也赫然列在其中。这真是令人吃惊。校方不知情，父亲不知情，贵重文物却被人悄悄地拿走、隐藏起来，这不是流失又是什么？我猛然醒悟，父亲藏画流失事件的答案就在这里！至少是部分答案。当然，偷窃或者说隐匿父亲文物的人不是别人，正是在他身边看似辛勤工作了十几年的 ××。这个结果，和父亲所说的他对有人偷他的画早有觉察，相当吻合，可以说父亲的觉察还是非常灵敏的。我把清点的结果，特别是在 ×× 房间里发现大量文物这个情况告诉父亲，他依然是淡淡一笑说：“××不单爱钱，也喜欢文物，她早就看上了这幅字。”×× 偷画，只是父亲藏画流失事件的一个答案，但并不是张衡揭露的藏画事件以及其他可能的书画丢失的答案，后者的答案还没有找到。两件事只找到了一个答案。

×× 偷窃、隐匿父亲的珍贵文物的事，其实早就有过。而且也是冲着这幅《御书颂》去的。李辉主编、于青著，大象出版社出版的“大象人物聚焦书系”的《季羡林——静静走在喧嚣中》中，第81、82页上就有 ×× 偷《御书颂》的记载。原文如下：

有一次，她给我们讲了新近发生的一件事：先生酷爱收藏名人字画，他在生活上花不了多少钱，但在收藏上却舍得花钱。先生在五十年代就收藏了不少名人字画，但在晚年都捐给了某图书馆，碰到他自己要欣赏他的收藏品，还要请工作人员从图书馆的善本库里借出来。在这些字画中，有一幅苏东坡的画是先生最喜欢的。前几日，想看看这幅画，便请工作人员从善本库取来，留在家中欣赏了几日。由于事情忙乱，等到想起来要归还的时候，才发现画不见了。找不到这一幅很珍贵的藏画，季老身边的工作人员都很着急。有位工作人员干脆向季老检讨说，这与监守自盗差不多。季老听说了这件事情，仅仅说了句：“身外之物，丢就丢了吧。”摆了摆手，一笑了之。季老的轻松自然给了工作人员很大的安慰，但他们仍不能安心，终于有一天，有位工作人员想起来，当时季老的书稿太多，怕给搞乱了找不到，她把画用胶条粘到书桌下面了。工作人员连夜跑来寻找，终于找到藏画。可季老知道了这事情，又是淡淡一笑，说：“不至于这样吧？”

这是 ×× 对该书作者的口述，可是她在这里却把偷画的事转嫁给了另一位工作人员。我们不敢想象，在 ×× 的眼皮底下，竟有这样另一位工作人员做这样的事情而且还做出了自首的举动。事实完全不是这样的。我曾经读过父亲自己写的一篇文章，讲的是同一件事情，但明确地说偷画的事是 ×× 干的。随后，这篇文章，或许这一段故事，就从父亲所有的文章和文集中消失了。后来，我也曾经就这件事问过父亲，他只是淡淡一笑。

多年前，目标是这幅字，现在还是这幅字，×× 是知道这幅字的价值的。父亲对有人偷画的觉察的确是早已有之的，有人偷画也是确有其事的。

在我写到这里的时候，清点工作还没有结束。尽管有很多人怀疑，父亲的文物收藏肯定还有其他的流失，但我手中暂时还没有线索，不能肯定说还有什么文物流失，因为除了 ××，有谁能去偷父亲的收藏呢？

噩耗突降

2009年7月11日晨七时许，我突然接到小岳的电话，说父亲今早起不了床，言语不清，陷入昏迷，现在正在抢救之中，要我尽快去医院。我以最快速度赶到医院的时候，医生告诉我，情况很不好，父亲的心脏对于注射的药物已没有反应，监视屏上反映心脏跳动的荧光线一直是平的，这说明心脏已经不工作了。按通常的规定，病人心脏停止跳动之后的抢救工作，一般是进行30分钟，但对父亲，他们决定再延长30分钟。然而，任何抢救已经无济于事，30分钟后，大夫们决定宣布父亲已经死亡，时间是上午九时整。

父亲的死亡极其突然，这是所有人都没有料到的。不敢说父亲的状况一直很好，很稳定，单说去世前一天，情况也是很好的。午睡起床后，喝过酸奶，他问我："今天有什么作业？"我说："有几幅字要写。"他说："马上写。"于是我给他准备好纸和笔墨，他从容不迫地将三幅字写好：一幅是写给四川地震灾区广济中学的——"抗震救灾，发扬中华民族优秀传统"；一幅是写给孔子卫视的——

"宏扬国学　世界和谐"；一幅是写给老友臧克家先生的女儿臧小平的——"臧克家故居"。字写完之后，已经是下午四点钟了，我一面给父亲读报，一面给他揉胳膊。四点半，我因为要去参加筹备"季羡林国学院"的会议，不得不和父亲告别。我说："我要去参加一个会议，今天不能陪您吃晚饭了。明天我再来看您。"父亲点头应允，看着我离开了病房。过后回忆，我感到那天父亲的眼神有点特别，有点不同寻常。与平时他那平和的眼神不同，那天他的眼神里却显现出一种留恋、不舍，甚至恐惧。他似乎不情愿让我离开，可又不能不让我离开。通常，他总是催促我离开病房，说："你回去吧，你还有一大家人呢。"可那天为什么出现了反常的眼神？难道他有什么预感吗？我真后悔那天过早地离开了病房，没有能陪父亲吃晚饭。当然，我留下来可能也不会出现奇迹，可是至少能多陪一陪他老人家。过去我的叔祖母、姐姐和母亲去世前，都曾出现过回光返照的现象，可是父亲却没有。这恐怕是因为他真的太老了。

难道父亲的去世，真的一点迹象也没有吗？不是的。现在回想起来，还是有许多迹象的。首先是他的消瘦。由于很长时间进食过少，身体逐渐消瘦，大夫、护士、小岳和我为此都十分焦急。除了设法改善伙食之外，我们经常劝父亲多吃东西。可父亲总是说："我胃口不开，吃不下去。"又说："吃东西不能勉强。勉强吃下去，不好过。"其次是他的左胳膊疼痛加剧。由于受过硬伤，父亲的左胳膊一直疼痛，在去世前几个月这种疼痛有所加剧，而且加重的速度很快。起初，父亲的左胳膊还能抬起来，到后来就只能放在面前的小桌子上了。大夫们想了很多办法进行治疗，可是效果并不明显。几个月以来，替父亲揉胳膊就成了我和小岳的日常工作。通常，我每天下午给父亲揉一个小时，可是远不能解除他的痛苦，我为此十分苦恼，却没有什么好办法。现在看来，这也是父亲肌体萎缩加剧的一个征兆。据医院遗体解剖，父亲的心脏已经严重萎缩，虽然他的血管情况很好，就如同年轻人的血管一样干净和有弹性，可是心脏却无力再跳动了。

父亲去世的消息很快传开，最早赶到医院的是北京大学的副书记杨河同志和校办副主任秦春华同志，他们匆匆悼念之后便离开了医院回校安排有关事务。接着刘延东国务委员到了。她到了病房，站在父亲的遗体前说了很多话，她称赞父亲是造诣很高的语言学家、教育家、文学家，是真诚的爱国者，是受大众尊敬的学者，对父亲的逝世表示了深切的哀悼。她言辞朴实，态度诚恳，感情真挚，对父亲的评价毫无夸张之嫌，表达了她对父亲的了解和真诚的悼念，令我十分感动。不久，北京大学的领导们，闵维方书记、周其凤校长等人也匆匆赶来，在父亲遗体前默哀良久。很快，温家宝总理也赶来了。他行色匆匆，带着一身的繁忙劳累的气息，站在父亲的遗体前，深沉地说："我本来打算在 8 月初来给您祝寿的，还准备和您讨论一些问题，没想到您竟然突然离去了，我感到很失望。"温总理高度评价父亲，说他一生勤奋好学，著作等身，谦和平易，为世人所敬仰，父亲的离去使他少了一位挚友，为此他感到十分悲伤。他深切地哀悼父亲的去世，并对家人表示慰问。

301医院的领导们也赶来悼念父亲。他们和大夫、护士们，多年来精心为父亲治疗疾病，照顾生活，和父亲结下了深厚的友谊。父亲把医院当作自己的家，把大夫和护士们当成自己的家人。在医院里，人们都称呼父亲“季爷爷”，年轻的护士们更把父亲当自己的亲人，经常顽皮地和父亲谈笑，使父亲感到十分温暖。医院成了父亲的另一个家了。所以父亲在医院里并不感到寂寞，他在那里生活得很愉快，这使我感到极大的欣慰。在此我要郑重地对301医院表示深切的感谢。

就在父亲去世的第二天，北京大学已经在百年讲堂布置好了规模巨大的灵堂，接受社会各界的吊唁。连接几天，数千上万人，冒着酷暑、大雨，前来吊唁父亲。人们静静地排起了长队，默默地站立在炙热的阳光下或雨中，有的手里拿着鲜花，有的手里拿着父亲的某一本著作，表情肃穆悲戚，此情此景真是令人深深感动。来吊唁父亲的人，有来自家乡的亲戚朋友和领导人，有各个社会团体的人士，有父亲的诸多学生和朋友，更多的则是父亲的仰慕者，他们和父亲并没有什么交往，只是慕名而来。

那几天，我收到了极多的短信、电话，难以应对。还有众多媒体人士，更是追逐采访，让我疲于接待。绝大多数的短信和采访都是善意的、友好的。但也有极少数的，是恶意攻击，甚至谩骂和威胁。他们是什么人，出于什么动机和目的，我不知晓，也没有精力去和他们周旋。

7 月 19 日上午，北京大学在八宝山为父亲举行告别仪式。告别大厅庄严肃穆，哀乐声声，父亲的遗体安卧在鲜花丛中。大厅进门处两侧悬挂着一副巨大的挽联：

文望起齐鲁通华梵通中西通古今至道有道心育英才光北大
德誉贻天地辞大师辞泰斗辞国宝大名无名性存淡泊归未名

在别处另有刘梦溪先生的挽联如下：

大哉上庠贤夫子岂云已经西去
俨然田舍一老翁可谓原本善来

再有《环渤海作家》挽联如下：

一季酷暑唯有清塘荷花润谁为国学注灵魂
百载人生常伴微光马缨香总有诗诲铭心头

还有许多挽联在这里不一一列出。

告别厅里摆满了花圈，挂满了挽联，庄严肃穆，气氛沉重。

上午八点开始，中央和国家领导人陆续来到告别厅，向父亲的遗体告别，向家属们致以慰问。温家宝等多位中央和国家领导人、民主党派的领导人以及有关部委、机构的领导人、生前好友等先后来过。随后开始群众性的告别，大批告别人群缓缓地进入大厅，向心目中崇敬的老人告别。告别仪式持续了三个多小时。时近中午，人群逐渐散去，大厅冷落，告别仪式就要收场了。

父亲去世了，摆脱了人间的是是非非，去到了一个清静的世界。在那里他会有充分的时间去回忆，去反思，去总结自己的一生，去重新认识世间百态，更加郑重地为世界提倡“真”“忍”“爱”“和谐”。在那个世界里，按我的想象，应该没有人间的这些丑陋和罪恶。

父亲去世后，要办的第一件事就是选定墓地。可是父亲生前并没留下确定的意见，我也没有来得及同他谈这件事。当然，为过世的人选择一处墓地是情理之中的事，为父亲建墓是做儿女当仁不让的义务。有不少人不要墓地而把骨灰撒向大海等地方，这也是一种选择。但是父亲没有这样的表示，他的情况还比较特别，因为他不但要选择一处墓地，而且还面临着要选择多处。第一，他是够级别的人，可以在八宝山陵园放置骨灰。但是经过考虑，我们放弃了这一选择。第二，父亲的家乡——临清市清平镇官庄村。这里是父亲的出生地，在那里埋葬着他的祖父母和父亲、母亲。父亲生前，曾多次表示过在他去世后要葬在自己母亲身旁。第三，北京。因为父亲在这里学习、工作和生活了近七十年，应该说他已经是一位北京人了。况且，在这里还埋葬着他的婶母、妻子、女儿和女婿。第四，河北易县华龙皇家陵园。这是一家民营陵园，选择这里是有一段故事的。

在父亲家乡修建陵园、纪念馆等，这是中共临清市委和市政府的决定。他们已经在临清市文化广场修建了张自忠、张彦青和季羡林三位临清名人的纪念馆，每个馆的面积都足够大，来展示几位人物的生平事迹。他们又在父亲的出生地康庄镇官庄村修建了陵园和故居，以便世人参观凭吊。所有这一切，都将成为临清市的重要文化景点。

在北京，我们选择了万安公墓。因为万安公墓是一处文化气氛十分浓厚的公墓，那里有以学者兼革命家的李大钊为代表的许多革命先烈，也有很多位著名的文人学者，如朱自清等。再加上我的叔祖母、母亲、姐姐、姐夫等已经在那里了。公墓很重视父亲陵墓的建造，提出了非常好的设计方案，并精心施工，想来建成后一定会成为万安公墓的一处亮点。

易县华龙皇家陵园坐落在光绪皇陵右侧的山坡上，占地广阔，景色宜人，颇有皇家灵气。总经理张世义有非常先进的设计理念，投资巨大，建造精良，这所陵园成为精品之作。我后来才知道，在父亲生前，张经理已经和父亲达成协议，他的陵园里的文化名人苑将是父亲的墓葬选择地。2004 年，父亲和张经理曾经商讨过他百年之后的事，父亲说：“到达终点的时间——108 岁，终点站——华龙皇家陵园。”他们还讨论了墓碑的设计方案：父亲坐在朗润园湖边家门前的石头上，身边陪伴着的是他的爱猫，他身着那件褪了色的蓝色中山装，以最平淡的眼神凝视着前方，面前就是他所钟情的荷花。随后，青年雕塑家纪峰还做了小样，征求父亲几位朋友的意见，大家反应很好，父亲也很满意。这就算决定了。可是，还有故事。

就在张经理和父亲讨论的同时，著名歌唱家、曾任东方歌舞团团长的王昆在 2004 年 5 月 3 日给父亲写了一封信，说由东方歌舞团前业务办公室主任张世义建立的华龙皇家陵园很好，其中“文化名人苑”将是一块美不胜收、使后人流连忘返、能够净化人们灵魂的地方。已经有著名指挥家李德伦“入住”（现在又有张鲁“入住”——作者注），并且王昆和她的丈夫周巍峙等文化名人也决定要以此地为归宿。因此，王昆盛情邀请父亲，也选择此地为归宿，以便在将来，“咱们好在另一重天地里聊聊天，畅谈我们在这一边没有来得及畅谈的话”。收到王昆的信后，父亲极为感动，即在信上写道：“鼎鼎大名的王昆竟垂青于我，亲自赐函，并赐我以‘大师’称号，使我感愧交加，毛骨悚然。所谈之事当然‘仰允’（不是‘俯允’）。”

就这样，归葬华龙皇家陵园就成了定局。王昆的盛情之邀和父亲的这一“仰允”，可以看作文人之间的一段佳话，也是父亲的一项庄严的承诺。我只有尊重，不可以违背。不久之后，在清皇陵光绪帝陵之右的青翠山坡上，“文化名人苑”之内，由于父亲的“入住”，定会增加几分热闹。

除去陵墓之外，父亲的后事仍有很多。而其中如何处理他的文化遗产，是个非常重要又很难处理的问题。由于种种原因，这里暂不做详细介绍。不过，现在可以说，有远见的文化之士并不把具体的文化遗产的处理看作最重要的问题，而是把父亲生前最关心的问题，即如何发扬光大中国文化放在首位。他们有各种打算去实现这一目标。其中有一个打算，最为动人而且已经付诸实施，那就是成立一所以季羡林的名字命名的国学院，并已经定名为“季羡林国学院”。做这件事情的是一位年轻的教育家。说他是教育家，似乎有过誉之嫌，因为他只有 35 岁。可是，他从 21 岁大学毕业后就开始办学，十四年内办成了三所大学，拥有学生数万名，还有若干个企业、几十亿的资产。他的名字叫吕明，是陕西镐京教育集团的董事长。小伙子艰苦办学的事迹使父亲极为感动，愿意给这种民办教育以力所能及的支持。父亲接受吕明为自己的弟子，并兼任该集团的名誉董事长，兼任该集团下属西安服装艺术职业学院的名誉院长，为他们鸣锣开道。吕明和父亲就举办“季羡林国学院”的事酝酿很久，确定了以弘扬父亲提出的“大国学”思想为办院宗旨，先在西安、北京，随后在全国建立学院，进行教学、培训、研究、出版等各项工作。可以想见，随着“季羡林国学院”的建立，弘扬国学的事业一定会有快速的发展，父亲生前的这一遗愿也将得以实现。

另外，山东省济南市等地方有关部门，在已经成立的季羡林研究所的基础上，也在筹划加强它们的研究和展示功能，为弘扬中国文化做更多的工作。

魂归故里

我后悔，我真后悔，我千不该万不该离开了母亲。世界上无论什么名誉，什么地位，什么幸福，什么尊荣，都比不上待在母亲身边……

——《赋得永久的悔》

娘啊！……将来我要睡在你的身旁！

——《故乡行》

母亲逝世已经超过半个世纪了。我怀念她的次数却是越来越多，灵魂的震荡越来越厉害。我实在受不了，真想追母亲于地下了。

——《元旦思母》

后悔离开母亲，后悔离开故乡，这是父亲终生未解的感情情结。2010 年 4 月 5 日，父亲的这一情结终于解开了。他回归故乡的愿望实现了。

然而，回归故乡，睡在母亲身旁的却不是他本人，而是他的骨灰！

父母睡在那里等待自己的儿子，已经几十年了。今天，他们终于团圆了——父亲一切的悔顿时烟消云散，父亲的灵魂一定得到了极大的满足和慰藉。可是，如果有的话，那终究是灵魂啊：当年在世时因分离而生出的种种伤痛，是没有人能够将它泯灭的！

现在，旧时的土坯房变成了新建的故居，孤独的荒冢变成了“季羡林憩园”。欧阳中石先生还专为陵园撰写了门楣和对联：

集群贤大成学贯中外

承历代师表德和古今

临清市建起了宏大的季羡林纪念馆。这一切都是家乡人民和政府的盛情。父亲、母亲，你们就在这里安息吧！

这一次，您的儿子、儿媳和不满两岁的小孙子亲捧您和母亲的骨灰，送你们回家。送行的人，还有众多的亲朋好友和您的弟子们——谁说世间没有亲情、真情？

送行的还有各个方面的领导人。

令人感动的是，有那么多自发聚集来的人们，在路旁迎接，他们真诚地欢迎您回到故乡。更使人感动的是，官庄的乡亲们几乎全村出动，目送您和母亲的骨灰安放在您父母的坟旁。

当您和母亲的骨灰安放在墓穴之中的时候，我内心不禁涌起了巨浪：我们只是暂别，不是诀别，我们还会在一起的，我们很快会相见的！古诗有云：往而不可追者年也，去而不可得见者亲也。然而，我相信，逝去的年也可追，过世的亲也可见。难道不是这样吗？生生死死，生离死别；来来往往，迎来送往；分分合合，时分时合，都是人间常态，不必过分伤感，过分执着。

父亲、母亲，你们已经魂归故里，可以安心了。在世的我们，或长或短，还有我们要走的路程；或多或少，还有我们要做的事情。这是生命的赐予，天赋的责任，我们一定会走好、做好。请你们放心！

父亲的墓在香山脚下，玉泉山侧，那是一处安静的世界。

从这里向西北远望，山如游龙，逶迤东去。北面，玉泉之水，奔突喷涌，滋润大地，万木葱郁。就在这山水前，有百亩园林，土性滋润，草木繁茂，地产龟蛇，蕴藏灵奇。应该说，这里是最适宜人类居住的地方，可是它却属于另一个世界。

人生在世，却向往天堂，总希望有人间天堂，希望有什么天上人间。这里就是你向往的地方，这里就是人间天堂，就是天上人间。可是它绝不是你想象中的什么豪华舒适的别墅区，也不是什么灯红酒绿的夜总会，而是著名的万安公墓。

万安公墓历史悠久，建于20世纪30年代初，开公墓建设之先河，随后规模不断扩大，现在已经拥有土地200亩，约有2万户入住，另有约4000份骨灰存放在此，颇显热闹。

万安公墓向来以名人汇集而著称。你看，都是什么人住在这里：李大钊、戴望舒、朱自清、何思源、曹禺、冯友兰、陈白尘、段祺瑞、韩复榘、高岗、叶圣陶、启功、王力……真是名人荟萃，声震寰宇！

万安公墓是一所大型社区，里面按金木水火土分区，按《千字文》的“天地玄黄，宇宙洪荒……”分组。借用一篇介绍文字，它参于五行，规划完善，中西合璧，清灵淡出，碑石文脉，且有丝竹之幽，兰荷之雅，枝头栖雅，片山块石，多有野致。

6 月 16 日，举行过简单的仪式，我们在京的家属和部分亲友将父亲和母亲的一部分骨灰，以及叔祖母的全部骨灰，安放在这里，住宅的门牌是新水区宇组 0105 号。他们住进了人间天堂，安卧于天上人间，实现了万安之梦。

父亲为什么要到这里安家？其实，这不是他的选择，而是我的安排。父亲没有把自己视为名人，也没有往名人堆里扎的想法，只不过是我想让他在北京也有个家，让他比较容易地和这里的亲友们见面。因此，除了在家乡临清安家而外，万安公墓就是另一处最理想的地方。

万安，是什么意思？据我所知，这个词并不是出于什么典故，也不是什么固定的词。万者，无非形容数量之多；安者，也不过是静、止的意思。两者构成一个词，顾名思义，就是一切皆静止了，或一切皆安静了。一切者，主要是人，人安静了，事就安静了。人、事都安静了，世界就安静了，也就是万安了。只有在这里，才是真的一切都安静了，万安了。因此，用万安来做公墓的名字，真是再好不过的。

活在世界上的人们，大都喜欢安静，祈望和平，钟情和谐。但是，这些都很难得到。所以，它们只能成为人们不断追求的目标。目标永在，追求永在。若问它们什么时候可以实现，我看只有到了“万安”的时候才有可能，所以我要说“万安”值得期望，值得歌颂。“万安”万岁！

我看父亲

常言说“盖棺论定”，就是说随着一个人的去世，对此人的论断也就可以确定了。但是，大量的事实说明，这种说法并不一定完全正确。通常对一个人的认识，特别是对那些称得上历史人物的人的认识，在他去世的时候，虽可以有大体的确认，可是并不一定完整准确，许多论断要等待时间的检验，要在本人去世后逐渐进行确认，有的更是需要由历史来判断。父亲的情况不能和那些历史巨人相提并论，他究竟只不过是一位有成就的学者，在做人行事上受到人们的称赞，对他的认识并不困难，恐怕也不需要经过漫长的历史时间长河再来检验判断，大体上“盖棺论定”是适合于他的。

那么父亲究竟是一个什么样的人呢?

在这里，我不想也不能对他在学术上的成就说什么话，因为这毕竟属于专业上的事情。我只能说，他是一位勤奋刻苦、学有所专、成就颇大的学者；同时，他也是一位教书育人、诲人不倦的教育家，是一位著述颇丰的散文家、杂文家。这是大家公认的。父亲道德高尚，情操丰富，勤奋刻苦，朴实无华，爱国爱人，热爱人生，热爱自然，受人景仰，在晚年成了一位公众人物。但是，作为一个常人，父亲的性格同样是复杂的。这里，我只想就他的“为人”的某些方面谈些自己的看法。

我非常赞同父亲的学生钱文忠的意见，并按他的思路稍加概括。他认为父亲是一位由矛盾着的各方面组成的一位大学问家。所谓矛盾的各方面，譬如，他是一位大学者，留洋海外，西装革履，又是一个很平凡的人，身带土气，衣着保守；他说着有浓重山东口音的普通话，又能说很标准的英语；他研究的是古奥高深、冷僻至极的东方之学，同时又通晓西域现代文化；他具有现代思想意识，能跟随社会潮流而动，可他又坚守中国古老的传统文化礼仪；他身具侠气，对外慷慨大方，一掷万金，对内则小气吝啬，锱铢必较；他外表平淡随和，少情寡欲，内里情思丰富，多愁善感；他不拒名利头衔，却淡泊明志，为人低调；他生性孤僻，不喜交际应酬，可不拒访问，交游颇广，有求必应；他专注学问，爱惜分秒，可他也花去大量时间参加社会活动，竟至被称为社会活动家……

父亲出身农民，虽然只在农村生活了六年，可是终身没能脱掉农民习性。他穿着简朴，做事低调求实，从外表上绝看不出是一位大学问家。北大新生让父亲看行李的故事，就可以说明问题。究其原因是父亲身上缺少一种“气”，无法让人一看就有一种不凡的感觉。什么是“气”？别的不说，一提“官气”，大家就会明白什么叫“气”了。父亲对于“气”是很反感的。我曾经问过父亲，在清华读书的时候，和钱钟书先生交往为什么那么少。父亲说，他和钱先生不是一个年级，钱先生很聪明，但他身上有一股“气”，什么“气”呢？才子气。父亲就不喜欢那种才子气（我在这里披露这个故事，不是贬低钱先生，而是为了讲故事，同时顺便回答一个大家关心的问题）。这样说，“气”还分种类，而且每个人身上大概都有一种“气”，都不尽相同。上面我说父亲身上缺少“气”，其实不是缺少，而是他身上的“气”是属于另一种，是“农民气”，或者说叫土气，或者叫质朴之气。这一点，父亲一定也是明了的。他一定也认为，土气比才子气要好。所以父亲一辈子都脱不了土气，这就是为什么他为人处世总是低调简朴的原因。

“气”中有一种叫侠气，父亲对侠气似乎比较赞赏。父亲的父亲有侠气，这是父亲对他父亲唯一的一点赞赏。祖父的侠气也传给了父亲，这一点父亲也是承认的。父亲的侠气的重要表现就是对外慷慨大方。譬如，他对别人的赞助就很大方，不管是阿姨、护工、清洁员还是自己的学生、学生的子女等，都是如此。三千元、五千元、一万元、几万元，给出去都是不假思索的。对于社会的捐赠也是慷慨的。对家乡的捐赠更不用说，对于北大、清华、灾区的捐赠也是不遗余力的。父亲这位捐赠者，和其他捐赠者有很大的不同。一般捐赠者都是在自己积蓄的基础上量力而行，做出捐赠。而父亲则不管自己是否有积蓄，捐了再说。有时甚至捐赠之后，自己竟然几乎身无分文了。这恐怕是在捐赠活动中很少见的现象。所以，父亲在去世之后，基本上是身无分文的。与此同时，父亲从来不给家人和亲属“捐赠”。叔祖母、母亲以及我和姐姐从来没有得到过父亲的“捐赠”，父亲的几个孙子辈的孩子出国留学全靠打工挣钱支付学费和生活费，也从来没有得到过爷爷的“捐赠”。

这可能就是父亲侠气的特征。而侠气和吝啬这一对矛盾，也常常会在一个人身上同时存在。

父亲是一个感情丰富、情思敏锐的人。说他多愁善感，悲天悯人或许并不为过。这是他的本性，他的经历更加重了他的这种本性。父亲又是一个很内向的人，内心即使感情沸腾，外表却依然平静如水。不管面临多么大的事件，不管他内心里有多大的风浪在涌动，都是如此。这种个性，在面临亲人一个个离去的时候，表现得尤为突出。不了解父亲的人，或许认为他是一个冷酷的人，其实正好相反。不过，由于他的成长经历和一些其他因素的关系，父亲的感情世界有一个极大的缺憾，那就是他一直和家人保持着一种朋友的关系，一种朋友的感情，而缺少亲情。对叔祖母、母亲、儿女，都是一样。近来我读到阎纲的一篇散文——《我吻女儿的前额》。文章写的是女儿阎荷 39 岁时患了癌症，父女诀别的故事。阎荷的情形和我姐姐患癌症不治过世的情形几乎完全一样。他们父女在面临诀别时的种种情形，才是真正的亲情！那绝不是友情。读着文章，我泣不成声，想起了我们家的情形，体味到友情和亲情的巨大差别，真是感慨至深。

父亲和一些文人学者不同，他不拒绝名利头衔，他对出名并不拒绝，也不拒绝正当的金钱。因此除了教授、学部委员、系主任、副校长、人大代表、人大常委、政协委员、模范党员等头衔外，他还有数十上百个其他头衔。对外界给他的褒奖，他平静对待，并不拿这些东西当真，总能以一颗平淡的心对待一切，总能以一个普通人的心态、姿态做人，即所谓“淡泊明志”的。父亲“三辞”的故事就很能说明问题。譬如，接待客人，他内心并不都是情愿的，可是为了做一个普通人，以普通人对普通人，他对来访者基本都是来者不拒，殷勤迎送，而且给人留下了没有大学者的架子，平易近人的印象。

父亲的一生中，有一个现象值得一说，那就是他经常地犯“悔”。他曾经想写一篇文章，题目是“悔堂说”，开头就说：“予生而多悔，然非有所爱于悔也。”文章最后又写道：“余今又悔余之悔矣，（故）作悔堂说。”可惜，文章只有前后两句，中间竟然没有来得及叙述，但可见，父亲爱悔是他自己也承认的。父亲的确有很多的“悔”，但最重大的“悔”是对自己的母亲，这被他称之为“永久的悔”。对于母亲，父亲有很深的亲情，自从离家，他就对自己的母亲怀着十分的眷恋，特别在外面遭到冷遇或感到孤独的时候，这种眷恋就更加强烈。6 岁离家，23 岁回家奔母亲的丧事，十几年里，他没有专门回家去看看母亲，更不用说对母亲表示过什么孝心。

待到奔丧回到家里，他甚至连母亲的面貌都记不起来了。当他看到躺着自己母亲的棺木时，他顿时犯起了“悔”。悔得深刻，悔得痛不欲生。从此，这种悔就伴随了他的一生。

另一个应该说一说的“悔”，是对他的亲妹妹，也就是香妹的。香妹终身穷困，丈夫为人刻薄，生活很不如意。大约20世纪80年代初，有一次父亲回家见到妹妹，很想给她一点钱，也把钱准备好了，可是到了见面时，竟然没有给。随后他越想越后悔。直到约三十年后在医院里见到我的时候，还对我讲这个故事。父亲说：“钱就在我手里，塞给她就是了，可是不知为什么就没有给她。想起来非常后悔。”我听了以后，也不理解。其实即便当时没有给，补救的办法还是有的，从邮局寄过去不也是可以的吗，何至于永久搁置而又不断后悔呢？

另外的几项“悔”都和他的“意气”有关。上面说到父亲的三项“意气”之举，所有这些举动，后来他都后悔了。这说明，父亲有做那些事情的“意气”，也有悔的勇气，对一个人来说，这已经是非常难能可贵的了。

其他后悔的事还有，不过多半是小事，不必一一述说。

父亲离去后

父亲离去，原来由两个老人支撑的“季家”，现在只有我这一个老人了。我感到十分孤独。

其实，我现在并不是一个孤家寡人，不但不孤也不寡，相反还有一个其乐融融的家，我们这一家还名副其实。我虽已经过了古稀之年，但有一位年轻的妻子，更令我欢欣的是我还有一个一岁多的幼子。妻子不仅年轻贤惠、善解人意，还十分勤俭刻苦。她文化水平不高，可是在做人行事上，并不比那些具有高等学历的人差。我们的结合，是在纯洁的忘年之恋的基础上实现的。十几年前，我们这一家的成员，一个个地离去，眼看着整个家庭就要土崩瓦解，这时，是她和我同舟共济，渡过难关。她不但在精力上给我大力支持，还在感情上给我以慰藉。特别是她对我母亲的精心呵护，使我深受感动，感激之情难以言表。母亲年迈，腿脚不便，曾经有多年只能坐在床边，孤独地打发日子。那时我忙于管理公司，虽然每天都要照顾家里，可是没能细心入微地伺候父母。可是，她却做到了。她给母亲洗头、洁身、修剪指甲，衣物、房间更是清洗收拾得干干净净。她和母亲头对头地睡觉，和母亲厮守终日。我这里谈她对母亲的关照，并不是说她没有去关照父亲。那时她服务的对象就只有两个人，是没有偏向的。父亲对她有点不满，因为她很少和父亲说话。当时，家里平常就只有包括她在内的三个人。父亲大部分时间都躲在书房里，偶然出来，见了她总是相对无言，和我母亲也没话可说，家里寂静得令人难耐。有一次，父亲开口了，对着她说："你的话怎么那么值钱？"可是没想到，她仍然是无语。这当然令父亲感到不满和不解。其实，她并不是对父亲有什么意见或不满，她只不过觉得没有什么可说的，更有点胆怯，一个来自农村，只有初中文化水平的女孩能和文化大师谈什么？所以没有话。至于父亲是不是感到我对她和对母亲过于好，因而令他产生某种心理上的不平衡，甚而不满，以致让他做出"求仁得仁"的壮举，就很难断言了。总之，经过同舟共济的一段时间，我们决定结合了，又经过一段漫长的等待，我们于 2004 年正式结婚了，又经过四年的和谐生活，我们决定要一个孩子，那就是我现在才一岁多的儿子季宏德，小名叫福娃。决定要一个孩子，和有了这个孩子完全是两回事。再加上 2008 年 11 月，我和父亲言归于好，这个小孩的存在就有了不可思议的意义。父亲对宏德极其喜爱，孙儿对祖父也有着天生的亲切感。第一次见面的情形在前面已有介绍，就是现在，祖父去世已经近五个月，小家伙见了祖父的照片，即便是灵堂和告别会上悬挂的那幅彩照，仍然极其亲切，每每要去亲吻。有了福娃，季家就有了新的希望、新的寄托。我又一次完成了“延宗”的任务，可以告慰祖宗了。现在，妻子、幼儿和前来帮忙的亲人，生活融洽，一家人都围着这个活泼可爱、精力充沛的福娃转，虽很忙、很累，却也其乐融融。

不过，有诗曰，“不如意事常八九，可与人言无二三”，或者说，“天下不如意，恒十居七八”。除去天伦之乐，其乐融融而外，在我的心里，存在着巨大的隐忧。而其中一个大的隐忧，就是如何传承好父亲的文化遗产。请大家不要误会，我这里说的文化遗产，并不是指父亲的那些文物收藏。那些文物收藏，虽然珍贵，但都是可以妥善分配、处理的。社会舆论很关心这一部分文物的处理，尽管这件事会有种种难处，但相对说来，还是比较容易解决的事情。我这里所说的文化遗产，从狭窄的意义上来说，是指父亲所从事的专业领域；从较广泛的意义上来说，是如何发扬光大东方文化，使之在新世纪里发挥更重要的作用。

关于父亲的专业领域，我没有能力去做准确的论定。根据一些有识之士的看法，例如刘梦溪先生的说法，可以分作几个方面：印度学和中亚古文字学、梵典翻译学、佛学义理和传播学、中西交通史研究。他说，父亲可以被称作20世纪东方学的重镇、印度古学的巨擘、梵典翻译大师、中西交通大家。他说，这些概括起来，可以说就是东方学。广泛来说，东方学应该是相对于西方文化而言的。父亲生前对东方文化在新世纪里、在世界文化的发展当中的作用和地位，曾有过许多论断，总的来说，就是期望和相信东方文化在人类发展史上会起重要作用。“三十年河东，三十年河西”是父亲的著名论断之一。但是，在新的世纪里，以中国文化为代表的东方文化，究竟能不能如期望的那样，成为世界文化发展的主流或指导力量，这仍然是一个值得探讨和观察的问题。

现在，经济全球化的趋势不可阻挡，领导这一趋势的是以西方的技术和经济为主的力量。虽然，东方的经济也在迅猛发展，在可以预计的时间里，甚至有可能赶上或超过西方。但是，文化的发展是不是一定会和经济的发展同步，经济发展之后，文化的情形又将如何，东方文化的优秀传统，特别是中国文化的优秀传统如何维持和发扬，我们的文化如何才能够在世界文化的发展中起到引导作用，世界的潮流是不是就按照“三十年河东，三十年河西”的模式发展等，都是十分令人担忧的问题。诸多问题使人深感忧虑，可谓其忧也浓浓。

一书激起千重浪

2010年5月，我写的书《我和父亲季羡林》出版。

没想到，这本书的出版竟引起了社会舆论的巨大反响，说是激起了千重浪也并不为过。

在书的封面上端，印着编辑先生以我的名义写的几行字，首先就会令人感到震惊。他是这样写的：

“我一直不认识你们所说的‘国学大师’季羡林，我只知道，在热热闹闹的学术追捧中，父亲的内心是冷的，是寂寞的。但是他表现得确实淡定从容。毕竟，经过了，也就寻常了。”

编辑先生的这一段话，总的来说，我并不反对。但是他的口气和表述，实在过于直白，以致引起了读者们很大的愤怒。

在书的封底上端还有另一段文字，肯定也是出于编辑之手，其中借用了著名评论家叶匡政的一些说法：

“在儿子的笔下，季羡林可以说是一个人生的失败者，一个有国无家的浪人，一个孤独、寂寞、吝啬、无情的文人。早年的心结——寄居叔父家、无爱的婚姻、母亲的早逝，塑造了他压抑、封闭、孤傲的性格，他的意气用事毁了自己一家，又使他身陷阴谋的泥沼而难以自拔。

“作者颠覆了被社会塑造的‘大师’的完美形象，还原了一幕幕诗意后面的血泪。真实得近乎残忍，似乎背离了子为父隐的儒家传统，但作者残忍的笔触实则包含着一颗挚爱之心，他希望还原一个真实的人的形象，他也希望读者能够接受一个有缺陷的季羡林。季承为我们树立了写回忆录的标杆，这是读者的福祉。”

这段话的含义我也基本认可，只不过“人生失败者”“有国无家的浪人”等用语太过尖锐、刻薄，以致引起了读者们更强烈的反对。

于是，“逆子”“不肖子孙”“贪财奴”等帽子和恶骂铺天盖地地向我袭来，一时间真让我难以招架。

过了一段时间，我的心情稍稍平静下来，想，这样的反应其实并不奇怪，也是可以理解的。你想，在此之前，季羡林已经被神化了，读者们一时哪能接受得了书里的一些说法。所以面对诸如季承“把父亲请下了神坛”“颠覆了社会打造的完美形象”等评论，有谁能耐得住内心的气愤，不向我泼脏水呢？

现在，事情已经过去四年多了，我们可以冷静地来反思一下这件事。

首先要说一说我为什么要写这本书。

我开始写这本书是在 2006 年。当时我读到各类媒体对季羡林先生的大量报道，觉得他们并没有真正地了解季羡林先生，给人的印象是溢美大于实际，而且带有十分强烈的造神意味。我觉得照那样下去其结果可能不好收拾。于是就萌发了一个想法，写一本书来讲一讲季家的故事。所以我定的书名本来是《我们这一家》。讲季家的故事，我打算将重点放在叔祖母、母亲和父亲身上。当然，讲到最后，重点的重点自然会落在父亲身上。我想，讲了季家的故事，人们自然会对季羡林先生有更切实和全面的了解，有助于减弱舆论的浮躁，给人一个全面而真实的印象。

书出版以后，评论甚多，但大致可以分为三类。第一类是持极严厉的批评态度，第二类是持较为和缓的态度，第三类则是大加肯定和褒扬。

第一类中，除了恶意中伤和谩骂之外，可以举出笔名为厉鬼的评论文章做代表。

首先他的笔名就令人胆寒，而他文章的题目也很厉害：《一本无情之书》。在文章前面有一段画龙点睛的短评是这样写的：

本书如果说有什么价值，就是让我再一次触摸到了人性当中冰冷的、丑陋的一面，也就是说，我觉得这本书给我的感觉都是负面的，如果说伟人都有悲哀的一面，那么季羡林这一辈子最大的失败，就是季承。（有改动）

厉鬼一上来就把我这本书定性为“一本无情之书”“一本烂书”。后来又说是一本怨书，而且怨到极致。最后以“这本书有企图”来做结论。有企图的书当然就不是什么好书。

厉鬼的其他评论我不介绍了，读者可以自己来判断。已经把书定义为烂书了，当然不会有什么好的评价。这里我单就“这本书有企图”来说两句。

大家都知道，“有企图”，一般说来是一种贬义用语，也可以说是一种冷战式的语言。当你想批评一个人或一个人想做的某一件事是怀有不正当的目的的时候，为了含蓄，就用此人和想做的某一件事背后是有企图的来说事。所以厉鬼说我那本书“有企图”，就等于说我写那本书是有不正当目的的。

是什么目的或者企图呢？厉鬼没有直接说出来。只说“接下来他肯定要和北大打官司了，这本书是为打官司做铺垫的”。因而季承就是一个贪财的、卑鄙的“真小人”。

首先，我要肯定和赞赏厉鬼深刻的洞察力：不错，我是要争财产。暂且不说，写这本书是不是就是为了争财产，但是争财产这件事，不论写不写书，我都是要去做的。因为那批财产是属于我（们）的，那么为什么不能去争呢？难道维护自己的财产所有权就是卑鄙吗？这样的“有企图”难道是错误的吗？在一本书里写出争财产的理由，即便是起了铺垫的作用，这本书就是“烂书”吗？写书的人就是“真小人”吗？那么，为了不属于自己的财产而去争，去占，难道就成了“真大人”了吗？对别人维护自己合法财产和利益的行动，采取假清高式的鄙视和批评，是一种虚伪和变态。

至于打官司，厉鬼比我觉悟得至少要早三个月。在厉鬼写书评的时候，我还没有想到或者没有下决心和北大打官司。直到 2010 年 8 月我才无可奈何地下了决心去求助于法律。但真正起诉则又晚了近两年的时间，为的是和北大友好协商。再说，在一个文明社会里，打官司难道是卑鄙的吗？厉鬼在自己的书评里，对北大的作为未置一词，难道是公平的吗？

再多说一句，厉鬼的这篇书评，是带着极大的情绪或者说感情色彩写的。很难说这种色彩是出自对季羡林先生的爱戴，但是出自对季承的恨则毫无疑问，因为恨得太深，竟至满篇有些语无伦次，这实在大可不必，有话慢慢说嘛！

再说第二类，那就是持比较温和态度的，可以以叶匡政的评论《季承能说父亲季羡林是人生失败者吗？》为代表。

在评论里，叶匡政认为“这本书无疑颠覆了季羡林作为曾经完美的‘大师’形象”，对此他感到惊讶，认为书中的一些细节“真实得让人感到了苦涩和悲怆”。

对于“为尊者讳”这一命题，他觉得“确实让人难下结论”，一方面，觉得隐晦还是社会和谐生存所需要的；另一方面，如果用一本书能引起人们关于家庭伦理的讨论也是一件好事。如果季承先生认为，只有写一本书才能了断与父亲的过节，他也尊重这种选择。

至于第三类，是对书持肯定态度的。这里我仅举出三篇，以发布时间先后为准，依次是：师自然的《季承为何要写〈我和父亲季羡林〉？》（2010年5月），秦锦屏的《还原了一个真实的大师》（2010年7月），还有就是许培良的《催人泪下父子情——读季承的〈我和父亲季羡林〉有感》（2011年2月）。

三篇评论有一个共同的着重点就是主张“真实”。

师自然说：“我们历来讲究为尊者讳，如果不能给尊者以真实的形象，其实是对尊者的大不敬。”“不要一味地谩骂，应该感谢一切愿意和勇敢讲真话的人。”他还特别赞同我“只有真实的形象才能永恒”的说法。

秦锦屏认为，季承的书“还原（了）一个血肉丰满的‘真人’的形象”，“作者秉笔直书，‘残忍’叙述的背后，包含着一颗挚爱的心”，是作者真善美的体现，是作者良知的体现。她说：“作者凝重而又流畅的笔调，自然而朴实的记录后面，隐藏着一种悲凉和焦灼难言的疼痛感，正是这份独特的质感，使得当下传记、回忆录写作的人物画廊里少了一个脸谱化、符号化的‘完人’，多了一个真实的、血肉充沛的‘真人’，这正是该书的一大亮点。”又说：“作者不仅是完成了一部难得的回忆录传记文学著作，更重要的是他担当了‘历史的经历者为后人存史’的道德责任，为回忆录写作、传记写作做出了积极贡献。”

还有网友说：“季承先生，支持你！出书写你的父亲是对他最好的怀念。不要理会那些无聊人的谩骂。你让我们看到了真实的季羡林，更真实，充满了烟火气的高人。很仰服你的勇气。”

另外，济南的林浩则直截了当地写了一篇《我们得感谢季承先生》，他在文章中说，“这是一本难能可贵的书”，“感谢季承先生！因为他以不凡的勇气，告诉了历史与现实一位‘立体’的大师季羡林。”

可以看出，对书持肯定态度和持否定态度，都源于一个问题，那就是如何对待“真实”。下面就让我们对真实问题做一个分析。

首先，没有人说我书里讲的事不真实。在这个问题上没有分歧。好，第二个问题就是这个“真实”是好的还是坏的。在这个问题上似乎也没有多大分歧。我们可以不用“好”和“坏”来说事，而用“负面”来形容。书里说的一些事情可能属于负面的。那么，对于负面的事应该怎么对待？这里就产生了分歧。一种意见认为要保守，也就是要“讳”，特别对于伟人和长辈。一种意见认为可以不必“讳”，不管是谁，伟人更应该透明。显然，“讳”就是掩盖事实，就是不真实；不讳就是暴露事实，就是真实。可是有些人偏偏主张“讳”，认为那就是真实，而暴露事实就会破坏真实。

谈到这里，就要对“讳”进行一点分析。

毋庸讳言，“讳”是我们中华文明的优秀传统之一，恐怕也是世界文明的优秀传统之一。可是，“讳”应该有个尺度，对于什么该讳，什么不该讳，应该有个尺度。否则，要么什么也不能说，讳莫如深；要么和盘端出，不留余地。这样说来，尺度就很重要。可是这个尺度是很难掌握的。于是就容易发生分歧。你认为该讳，他则认为不该讳；你认为不该讳，他则认为该讳。莫衷一是。

我国古人有“为尊者讳、为亲者讳、为贤者讳”的说法，规定了只有这三种人才可以享受“讳”的待遇，一般人是没有这种资格的。这种选择很有道理，因为这三种人是人间楷模，为维护尊者的尊严、亲者的地位、贤者的神圣，有些事就是不能说，而对普通老百姓则没有这种必要。

进一步，古人还规定了对不同人有不同该“讳”的内容：为尊者讳耻，为亲者讳过，为贤者讳疾。我觉得，这些规定也都很有道理。譬如，为尊者讳耻，也就是说如果尊者有什么可耻的行为，那一定是不能对外暴露的。

这些看起来都似乎天经地义，无懈可击。可是恰恰在这天经地义后面，却存在着巨大的矛盾。譬如对尊者来说，既然是尊者，怎么能做可耻的事情呢？做了可耻的事情，又要“讳”起来，不让人知道，这不是虚伪和欺骗吗？那么，问题就出来了，究竟要不要“讳”？

我认为，从实际出发，恐怕还是要“讳”的。因为，人们需要尊者，而世上又无完人，所谓金无足赤，所以对于已经被公认为尊者的人，如果他有一些可耻的地方，以不影响其尊严为界，也就是说如果还没有达到影响他的尊严的地步，是可以为他“讳”一下的。

如果事情很严重，足以影响到他的尊严，这样就不应该为他“讳”了，而应该暴露出来让人们了解。当然这个尺度是很难掌握的。事实上，有些尊者的所作所为，已经大大超出了尊者的行为规范，而有些人仍然要替他“讳”，这似乎就不太合适了。

究竟该讳还是不该“讳”，我以为要遵循以下几个原则：一、“讳”的应该不是重大事件；二、不“讳”的不应该只是小事件；这两条加起来就是，重大事件不能“讳”；三、“讳”与“不讳”的都应该是事实，都应该是真实的。可以说这是“讳”的三原则。这里也有定律呀！

这样看来，在我对父亲的描述上，并没有违反“讳”的三原则，因为这里没有重大事件，不是因为没有写，而是因为就是没有，如果有，我是绝对不会隐讳的；这里写的事件都是事实。因此，这样做只能让人们能够更好地了解季羡林先生，获得一个更真实的形象，因而是有利无害的，是应该肯定的。再进一步说，其实“讳”与“不讳”都无法掩人耳目，历史上伟人的丑事，谁人不知，谁人不晓，能“讳”一时，不能“讳”永久；“讳”得一时，挨骂永久，最终还是得不偿失，何苦来哉！

好，写到这里，书的风波已经过去，是非曲直似乎已有定论。这本书不能说是什么好书，只能说它是一本真实的书，是怀着深深善意和对家庭、对亲人、对父母的爱的书。至于把它说成是一本“无情之书”“烂书”“怨书”，是因为说这些话的人并没有读懂它，或者是抱有偏见。他们这样说自然显得过于刻薄了，不去计较就是了。

但是，我突然发现，我现在又在写一本书，这本书因为还没有与读者见面，不知道会获得什么评价。不过，我有先见之明，我倒很愿意把这本书叫作“烂书”“怨书”。这倒不是自我贬损，也不是对厉鬼的回敬，而是出于真诚——我真的觉得这本书的内容是烂的、怨的，甚至可以说不能再烂了，再怨了。有了厉鬼的批评，事先我自投罗网，抢先就把本书定性为“烂书”“怨书”，绝不会冤枉自己的。

书还没有写完，自己就已经把它定性为“烂书”“怨书”，不过，即使如此，我还得继续写下去，并将它呈现给读者朋友们，因为这几年遇到的没有什么别的好事，只有“烂”事和它给我造成的“怨”。奈何！

可是，这本书什么时候能够写完，又什么时候能够出版，现在尚为未知，希望读者朋友们耐心等待。

以荷相传

父亲爱荷、种荷的故事已经传为佳话。父亲故居北大朗润园 13 公寓前面的荷塘里的荷花，被周一良先生命名为“季荷”，也已经成为公论，父亲因此自诩要以荷相传。

荷有什么好？周敦颐的《爱莲说》已成千古绝唱，对荷的赞美无以复加。但是，大家或许没有注意，父亲也写过一篇荷的赞歌《荷之韵》：

世人宁有不爱荷花者乎？梅兰竹菊，旧称四君子，然以吾视之，则荷花实凌驾四者之上，诚君子中之君子也。周濂溪《爱莲说》之所以成为千古名篇，厥因其在兹乎？盛夏之时，炎阳如燃，红花映日，绿叶接天，清香流溢，翠满尘寰，诚大千之盛景，乃宇宙之伟观。世之人宁有不爱荷者乎？然而西风起于青萍之末，碧叶落于千山万山，金秋下临，荷塘凋残，昔日之绿肥红肥者，转瞬渺然，值此之时，世之人宁有不悲伤者乎？

这是父亲为一位摄影家的荷花影集所作的序言的主要部分，可见他对荷花的热爱。

既爱荷花，又有种植荷花颇为浪漫的故事，所以他在此之前已写过《清塘荷韵》。因为我是种植荷花的主要策划者和执行人，在1994年8月，受盛开的季荷的促动也写了一篇散文《播荷记》:

播荷记

北京大学朗润园13公寓是父亲的寓所。地处学校东北角的朗润园共有6所公寓楼，其间环抱的是一片湖。岸边垂柳，湖里莲花，山上凉亭，远处石桥，酷似世外桃源。单说那片湖，中间原来有一段土堤将它分做两半，13公寓正面对着土堤西面那片，得天独厚，直面垂柳与荷塘。

北京西郊的皇家园林，自辽金时期开始营建，延续近千年。到清朝中叶已形成了以圆明园为主的庞大群落。圆明园附近原有许多园子：正南有澄怀园，西南有蔚秀园、承泽园，东南有朗润园、勺园，东边有近春园、熙春园，西有一亩园、自得园、清漪园、静明园、静宜园。朗润园只是其中的一个“赐园”，规模虽不甚大，但也有山有水，有湖。所有园子里的水都源于玉泉山。泉水出山，河流形成，湖泊棋布，依次相连。建园时仿效江南庭院，掘湖植荷，美化湖泊，所以园里的湖都长满荷花。不用考证，朗润园的这片湖过去肯定也是长满荷花的。在我的记忆里，1962年，父亲从中关村搬过来的时候，湖里就有荷花。可以想象，这些湖里的荷花，已经有多少年的繁荣滋长，皇亲国戚赏心悦目，平民百姓偶感欢快。可是不知道是什么时候，独独朗润园湖里的荷花被铲除了。原因已经无从考察，猜想可能是为了搞副业以便克服那时的经济困难。荷花没了，学校有关部门就在湖里养起了鱼。每年秋后，放水捉鱼，在岸边凭证出售。父亲近水楼台，又是一级教授，自然可以领到鱼票。每次买到鱼之后，家里就有一餐鱼宴。在那个物资匮乏的时期，能吃到活鱼大家都很开心。可是好景不长，没过几年，鱼就没人养了，于是湖里水草疯长，密布全湖。这时又有人来割水草，据说是拿去喂猪。这些可能都属于学校的副业。再往后水草也没有人割了，湖就荒起来了。

说起荷花，恐怕没有人不喜爱。我小的时候，在中学课本里，读过周元公的《爱莲说》，知道莲花是花中君子。“出淤泥而不染，濯清涟而不妖，中通外直，不蔓不枝，香远益清，亭亭净植。”他的这一番话，真个道出了荷莲的君子之气！他又说：“可远观而不可亵玩。”这大概是周元公认为人们对待花中君子应有的态度或者说是政策。对花中君子，本应该尊重，何谈亵玩。

北大校园的其他湖里都有荷花，朗润园的湖却被水草统治着，这实在令人感到非常遗憾。记得是前年初夏时节，万物复苏，湖里的水草也疯狂地长起来，不但填满了整个湖水，甚至长到水面上来了。我忽发奇想，要在湖里播种荷花，一则可以把水草压下去，二来也可以填补无莲之湖的空白。于是想起了我保存着的那些古莲子，那是我在湖北潜江干校劳动时在水田里捡的。我想，如何才能让那些古莲子在朗润园的这片湖里发芽生长呢？

潜江地区在古时候是云梦泽的一部分，湖泊遍布，莲荷丛生，莲子成熟之后无人捡摘，就落在水里，沉积在湖底。千百年来，不知有多少莲子沉睡湖底。湖面变水田之后，那些熟睡在湖底的莲子，虽经当地农民多少年来的捡拾，仍然俯拾皆是。我在田里劳动的时候，发现那些莲子，如果不经外力，例如犁划、火烧，在它的褐色的硬壳上造成缝隙，水就无法浸入，莲子纵使在水里浸泡成百上千年也不能发芽生长。这种现象，曾使我感到十分迷惑：一种植物，生儿育女，果实累累，但如无外力协助，竟不能自行繁殖，生育何用？我想用莲子播种荷花，只得模仿大自然的造化神功，在莲子壳上开一个小小缝隙，然后将莲子泡在水里，就像培育秧苗那样先让它们发芽，然后播种。经过这样的处理，几天之后，那些莲子果然都萌发起来，一头长出了尖尖的幼叶，一头则是细长的根。1992 年 3 月 30 日，我就和我的外甥何巍，把这些荷苗统统投到了湖里。父亲则在一旁观战。我们当时只不过抱着试一试的心情，对这些小君子们能不能在杂草丛生的湖里生长起来并没有把握。

播种的当年，湖里毫无动静。

然而，第二年初夏，在长势凶猛的水草缝隙里，我们看到有许多浮萍样的嫩叶漂在水面上。它们的数目越来越多，高潮时竟达百余个。有一些叶子已经长到了水面之上，颇有亭亭玉立之姿。这时何巍和父亲发生了争执：何巍说，那就是去年播的荷花；父亲说，那大半是水浮莲——无法得出结论。可是到了今年，那荷花竟长成了势，铺铺陈陈，高高低低，飘飘摇摇，整整长满了一湖。新叶出水像一把利剑，有的甚至穿透了漂在水面上的荷叶，傍晚时分，就有蜻蜓落在上面休息，显得格外宁静柔和。更令人欣喜的是，秋末的一个清晨，我们发现有一朵荷花花苞出现在众多荷叶之间。我们期望它能开，但由于时令已到，它终于没能绽放，但这却预示着来年荷花的盛开！

荷花的生长，把水草完全遮挡住了，它们只得逐渐地萎缩下去。远远望去，朗润园的湖一改过去的荒凉，变得生机盎然了。可以肯定，明年初春，在父亲楼前，除去原有的玉兰、翠竹两景之外，荷花将成为第三个景点。在一湖翠绿的荷叶之间，将绽开无数朵嫣红的芙蓉，而尊坐其中的一个个金黄色的莲房，将向人们展现它们的圣洁之姿。

1994 年 8 月写于公主坟家中

附记：

自 1994 年以来，朗润园湖里的荷花，年年旺盛。它与北京大学其他湖里的荷花不同，叶大而浓绿，花多而嫣红，朝气蓬勃，生机盎然，博得了大家的深爱。每逢盛夏，到湖边观赏者络绎不绝。

有好事者，闻说这是父亲季羡林的杰作，于是将这一湖荷花命名为“季荷”。有写文章记述的；有泼墨成画献给父亲季羡林作纪念的；不一而足。父亲在1997年则写了一篇《清塘荷韵》的散文，叙述其事，然情节稍有不同，实无关大局。而我则每年夏季，一定去湖边观赏、拍照，就如同看望自己的养子。静坐以抒感怀之幽情，徘徊以发怅然之神思。荷花如若有情，当与我细语，谢我赋予它们出世的恩典，而我亦因播荷而可以荷相传了。阿门！

出于对荷花的酷爱，我在空闲的时候，不知是哪一年了，曾写过一篇介绍荷花的短文《说荷》：

说 荷

入秋之后，荷花就要渐渐地凋残了。

今夏北京荷花的表现大胜于往年，可谓出色。人们在观赏之余，或赋诗，或作文，或拍照，或作画，来表达对荷花的热爱。现下，秋风乍起，凉意逼人，忆及当日的千顷碧绿、万点嫣红、清风送爽、荷香醉人的情景，怎能不产生留恋惋惜之情！

不过，趁着荷君尚未谢世，严冬即将来临之际，我不妨向大家将其介绍一番，以增了解，更添思恋，兼备来年之相迎。

首先，“荷”是什么？怎样称呼“荷”？我们通常说“荷”就是“荷花”“莲花”，但是严格讲，荷是专指它的叶子的。《说文》：

“荷，扶渠叶。”而“莲”又是指它的果实。《说文》：“莲，扶渠之实也。”那么扶渠（或芙蕖、芙蓉）又是什么？有说扶渠就是荷，芙蓉就是花。于是究竟如何称呼这种植物就显得有些混乱。可是，它总得有个称呼呀。于是《尔雅》就说：“假叶名其通体。”也就是用叶子的名称做总的称呼。这或许就是以“荷”命名的缘故。

然而，“荷”这种植物的各个部分都还另有其名。譬如，除了上述“荷”是叶的名称，“莲”是果实的名称，“芙蓉”是花的名称外，未开的花叫“菡萏”，水中泥上的茎叫“茄”，泥里的茎叫“蔤”，根叫“藕”。因此，高锈注《淮南子》云：“荷，夫渠也。其茎曰茄，其本曰蔤，其根曰藕，其华曰芙蓉（已开），其秀曰菡萏（未开），其实曰莲，莲之藏者曰菂，菂之中心曰薏。”

如此详尽的命名，足见古人对荷花的高度关注，证明自古以来人们对荷花的极端爱戴。爱荷似乎是我们中国人的传统，爱荷也是父亲的最大癖好，由于有了“季荷”，这一癖好更达到了极致。

据说，荷花源于中国，爱荷与爱国家、爱和谐、爱人类都有着联系。父亲晚年提倡“爱国、爱乡、爱人民、爱自然、爱儿童、爱一切美好的东西”，恐怕与爱荷也有直接联系。所以说，荷的存在其意义大矣！

今年的荷季已经到来，现在北大13公寓前面的荷塘应该是绿水盈池，小荷“才露尖尖角”。我于是前往观看。啊，令我万分惊讶——荷塘里非但没有绿水盈池，荷叶片片，相反，那里居然是一片枯塘，芦苇丛生，杂草乱陈，中间竟然没有一丝荷花的影子！

发生了什么事情，能使百年荷塘沦落如此。据说，荷塘干涸和半干涸的状况已经有几年了，原因是缺水。泉水出水量降低，外界来水又要付费，所以只好任其干涸。

我不敢想象，在如此干涸的湖底泥土中，那花中君子的荷花如何能够生存？如果哪天或天降大雨，或泉水突涌，或有人发慈悲心捐款买水，荷塘里又复水波荡漾，碧液盈池，它们还有没有能力复活？无论如何，我祈望“季荷”不会死亡。我相信，尽管它们要经历炼狱，但它们一定能够复活！否则，以荷相传岂不成了一句空话。

附录一　和父亲谈心

祭父文——和父亲谈心

父亲，您离开我们这个世界就要一年了。按我们的计算方法，您马上就要到100岁了，这是您向往而又不满足的岁数。凭您的感觉和愿望，您至少要活到108岁，茶寿嘛，您觉得那并不是什么高不可攀的目标。可是您没能实现自己的目标，就突然地走了。据我想象，在您去的那个世界里，人是不能再增加岁数的，去的时候是多少岁，就永远是多少岁了。这样说起来，您要比老祖、我妈妈都要大很多岁了。她们一定会高兴的，因为这说明您比她们更长寿。在那里，除了老祖和我妈妈之外，您会见到婉如姐和颐华，呃，叔祖父、祖父自然也会见到。您的母亲呢，她一定在那里等您，已经等了很长时间了。虽然，您肯定不认识她，可是总会相聚的。你们母子一见面，您那“永久的悔”就可以消失了。至于其他亲人，您也能够和他们相见，可是，恐怕只是相见罢了，不会有什么交往和走动。那边一定很安静，人虽然很多，但每个人都独居一处，顶多夫妇住在一起，也不会有什么活动。虽然环境安静，也没有家事和社会事务的烦扰，可是您也不能再做什么研究工作和写作了，您只能静静地待在那里，或许可以想着些什么，至于写字、“爬格子”恐怕是不可能了。

回想在您生前，我们父子相聚的时间也短。按我的岁数，在七十几年里，我们能够比较接近的时间，算起来不到三分之一。细算起来，则更少。1955 年大学毕业后，我被分配到中国科学院近代物理所，住在中科院中关村的宿舍，和您相距不过百米之遥。从那时起到 1995 年我们暂时分手，大致是四十年的时间，其中，只有从 1962 年老祖和妈妈来到北京以后，才有较多机会见面。

接近的时间短，容易造成隔阂。我承认，您在世的时候，我和您交流不够。我不能像一般的儿子那样，向您敞开胸怀，倾诉我的心思。当时我并不明白，您为什么情愿孤身一人住在公寓里。您那套公寓，窄小拥挤，北风一起，卧室就布满了灰尘，没有人给您清扫。您睡觉的屋子朝北，窗户缝隙很大，寒气长驱直入，您只能蜷曲而卧。虽然，我给您糊上了窗缝，但是也没有很大的改善。您常年吃食堂，衣服自己清洗，可以说一切自理。为什么这样生活呢？您不是有夫人吗？不是还有其他亲人吗？儿女也都在北京，为什么独自一人过那样伶仃的生活呢？……那时，我的办公室的窗子，正好对着您的公寓。每天晚上，我在办公室看书的时候，看见您书桌上绿色的台灯发出的光，知道您在做学问，屋子里一定很安静，可是细想起来，您多么孤独呀！

那时，我和姐姐就想把妈妈和老祖接过来，和您团聚，可是我们不敢向您提出，不知道您会怎样回答我们。每次我和姐姐去看您的时候，事前都商量好，要向您提出这个想法。可是到了您那里，我们两个都没有勇气说。有一次，我们鼓足了勇气，说出了我们的想法。果不出所料，您很冷淡地说了一句话："我和你妈没有感情。"于是我们像浇了一头冷水，从此不敢再提这个问题。

可是，我和姐姐并不甘心。后来，大约是在 1961 年下半年，我们想出了一个让您勉为其难的做法，一下子就把老祖和妈妈接到北京来了。那时我住的宿舍比较空，就把他们安顿在我的宿舍里。她们还把二姑的儿子常永德带来了。我们的想法，并不是就此实现大团圆，而是想让您和亲人们有更多的接触，增进感情，为以后的团聚创造条件，当然也是为了看看您的反应。当时我是做了这样打算的，如果您还是不肯答应和母亲她们团聚的话，我就让她们和我住在一起，我们一起过。这样做，我们没有同您打招呼，现在想起来应该向您道歉。可是，出乎我和姐姐的意料，您对我们的做法并没有表示多大反感，相反还表现出一定程度上的接受和容忍。您到我的宿舍来看望她们，还请我们去福利楼的四川饭馆吃饭，我记得他们做的干烧鳜鱼和麻婆豆腐，真是叫绝。您还和我们一起游览北京名胜。老祖和妈妈心里非常高兴，在北京过了很愉快的一个多月。我见我的试验成功了，便酝酿实行下一步的计划。这里也要向您表示歉意，这个计划我也没有征求您的同意。很快，1962年上半年，我就给北京大学校长陆平写了一封信，请求他将我祖母和母亲的户口从济南迁到北京来。不料想，申请很快就得到了批准，这是当时北京市委书记彭真同志特批的。我和姐姐把这个消息告诉了您，我们害怕您生气，可是您却默默地接受了，虽没表现出怎样的高兴，但也没有反对，现在看，您又是在容忍了。我和姐姐大松一口气。现在想起来，却是让您勉为其难了。从后来的情况看，咱们家庭的团聚，还是给您带来了不能说幸福但至少是安慰和关心。您对我们姐俩的冒昧甚至鲁莽采取原谅的态度，这使我和姐姐非常感动。这样您和我们总算有个家了。您或许觉得，我和姐姐为祖母和母亲考虑得多了，可是难道我们不也是为您考虑吗？

说到我们做子女的，我们有办法使家庭在形式上团聚，可是的确没有办法使您和母亲在感情上真正融洽。这一点我们始终没有做到。您和母亲的婚姻，真可谓先天不足。父母之命，媒妁之言，的确是你们结合的来源。可是为什么你们的感情，始终是若即若离的？可以说，您在感情上始终没有接受我的母亲。难道是因为当时您没能够得到意中人“荷姐”吗？难道您对我的母亲有什么不满吗？究竟是为什么？我和姐姐百思不得其解。可是，您又这样容忍自己的婚姻，可以说始终不渝。我们理解您的想法，那就是为了求

"仁"。也是同样的原因吧，您拒绝了可能是您一生中唯一一次真正的爱情，使伊姆加德终生等待。您回国了，和我母亲厮守了终生，可是我母亲却继续守候，不是守候您这个人，而是守候着您对他的感情，直到她去世。那您呢？您对这种情形十分无奈，不过只是无奈而已。在这中间，最令人起敬的是你们三人对这种情形的态度：伊姆加德始终无悔，母亲始终无怨，您则是始终无奈。可以说，你们三位都是当之无愧的君子，都已经"成仁"了。对于您，无奈可能是对这一问题的最佳答案，恐怕也是最仁义的答案了。否则，怎么办呢？我这样说，您觉得对吗？

也许，我和姐姐对您在和母亲的感情问题上有误解，特别是最近我检索您的遗稿时发现了您写的一篇未成稿之后，这种感觉就更深了。您那篇稿子的题目是"最后的抚摩"，在里面，您是这样写的："老伴卧病住院，已经将近一年了。不能说话，不能吃东西。有时能认人，有时不能。我时不时地去看她……十二月五日早上，我照例到大图书馆去，已经到达时，忽然心血来潮，来到了病房。德华和以前一样躺在那里，似睡非睡，脑袋直摇晃。我抚摩了她的手，她的额部，都是温温的。这温暖直透我的心。她没有睁眼，也没有看我，哪知道这就是最后的抚摩。"后面还有几句描述您孤独心情的话，但整篇文章没有写完，当然也没有发表。不过，就是这短短的几句文字，也深深地打动了我的心，因为这是我一生中看到的唯一一段文字，表达着您对母亲的温存，也是唯一一次让我知道您还抚摩过母亲的手！这告诉我，您对母亲并不是完全冷若冰霜。可是，为什么您没能够把文章写完？是过于激动，过于悲伤，还是没有勇气？不管怎样，这种情况，不免使我感到您对母亲仍然有某种隔膜，某些勉强。我这样分析是不是对呢？

在我们家庭里，还有一个故事，就是我们父子之间的事。也可以说是您和我姐俩的事。因为我姐姐去世较早，她和您之间的恩怨没有来得及表现。您一定还记得，在您 83 岁高龄的时候，在我母亲逝世前几天，咱们家里就剩下您和我两个人了，可是您突然要和我分手。用您的话说就是您“遗弃”了我。当时，您觉得这又是您求“仁”得“仁”的一个壮举，为此兴奋了一阵子。可是，后来您清楚了，这样做让别人钻了空子。在您“遗弃”了您唯一的儿子之后，您曾在别人的煽动下，对您的儿子有了更多的嫉恨，甚至把他看成了魔鬼般的坏人，而对那位到您跟前的“义务打工者”给予了完全的信任。在您的笔下，她变成了“不是亲属胜似亲属”的贴心人，甚至能够给您以“家庭的温暖”，使您抛却了“轻生”的念头。那时，您甚至对所有的亲属都表示了怀疑，根据仅仅是所有的亲属都不来看您。您把猫、乌龟、甲鱼当成了自己的家庭成员，却不承认您的儿子和至亲。当我和亲戚们看到您写的那些话的时候，真是十分不解，甚至生您的气。要知道，不是他们不关心您，而是他们根本就进不了医院。用一位世交老友的话说，您完全被人蒙蔽了，被人禁锢起来了。在外边的亲人们，对您为什么不呼唤他们去看您，也有意见，以为您完全放弃了他们。天哪，在这种情况下，有谁能够把事情的真相告诉您：您的儿子，您的许多亲人，是多么关心您，多么想去看您呀！有谁愿意和能够解除对您的禁锢，解除您对大家的误会，促进我们的和解？说实在的，我们甚至对今生今世能不能和您团聚都失掉了信心。然而，出乎我们的意料，在许多有正义感的人们的努力下，在天意指使下，您终于明白了事情的真相。热心的人们，为了让您能和您的儿子联系上，竟花费了很大的精力。其实，您的儿子就在您身边，在您身边的那个女人是知道我的电话号码的，知道如何与我联系。那些年，我每天上班都要经过医院，一来一回，就在您身边不远的路上走过。十几年哪，我每次行经医院的时候，都在想象您在病房里做什么，您的病情又是如何，那些围绕在您身旁的人们又是如何行动的。但是我们就是不能相见。您怀疑我不来看您，把您忘掉了，我则认为您仍然很记恨被您“遗弃”掉的儿子，不愿见他。后来知道这完全是人为制造出来的隔离，是天大的误解。天意难违，亲情难断，终于冰雪消融，前嫌尽释，我们相见了，一切误解顿时烟消云散。

十三年的分离，并没有加深我们父子之间的龃龉，相反却加深了我们父子之间的亲情。在医院里和您相处八个多月，我感到的是从来没有过的亲切。这种亲切不像过去那样，多半是朋友式的，而多半是父子式的了。您从被禁锢的状态中解脱出来，见到了久违的至亲好友，见到了您的儿媳和小孙子。病房里的空气轻松活跃，您像解放了一般，心情舒畅，无忧无虑，只有在这时，您才真正地实现了人性的回归。要说求“仁”，这才是您所要追求的“仁”。您为有自己的儿子而骄傲，您为重新有了家庭而欢快。您把所有的事情，包括财产，都交给您的儿子全权处理，您放心、舒心、欢心，这样度过了您人生最后的八个月。这是天意的安排，是天意的胜利。

我知道，在一生当中，您是很少发意气的。在您身上有的是侠气，可是意气就很少、很少。这是您人品高尚的表现。您对自己的婚姻，对自己的家庭，对一生仅有的一次恋情，对很多事情，您都没有意气用事。您深明大义，坚持以仁、以义处理那些很难处理的事情，为此您得到了家庭和社会的尊重。可是，您也有意气用事的时候，也受意气的指使，做了几件事情，结果使您受到伤害。除了上面说的，您在自己最困难的时候，把自己的儿子赶走，又在您最困难的时候，把您最忠实的秘书李铮辞掉，给人以可乘之机，把您的事情搞得一团糟，使您，使我们家庭，使很多亲人受到伤害。李铮感到委屈，竟然突发心脏病去世了。他的确委屈，有许多话要同您说。他曾经在电话里向我哭诉，也曾经去找过五舅和五舅母。现在，你们可以直接交谈了。我想您一定会理解他的，也一定会安慰他的，因为在我们父子重归于好以后，您曾经不止一次地提到李铮，并且很郑重地说李铮是个好人。特别是，您还对李铮的儿子李小军说过：“你爸是个好人。”小军听了之后非常感动，并且把您讲的话告诉了他母亲。他们一家都很感谢您对李铮的知遇之恩，相信你们也会重归于好的。

父亲，您离开我们就快一年了。在您走后，还发生了一些事情，使人感到不愉快，有的很出乎常人的意料，甚至很荒唐。这些，我想您一定也都知道了。您一定仍然会说："小事一桩，一笑了之。"是的，应该笑，因为他们确实可笑；了之也可，因为不了也得了了，他们给自己找了个出路，把问题解决了。

现在，我感到最大的难处，是如何传承您的精神和文化遗产。在整理您一生积累的研究资料的时候，我发现您是何等的勤奋。您不但涉猎的题目很多，而且每一个题目都积累了大量资料。您用废弃的牛皮纸信封做成许多夹子，里面夹满了大大小小的纸条，上面写满了文献摘录以及草稿。往往在这些纸夹的前面，是您草拟的文章的稿子，待到准备就绪，您就一气呵成，把文章规规矩矩地誊写在稿纸上，完成一篇论文的写作。您曾经说过，如果说著作等身的话，那资料就几倍于著作。这的确是真实的说法。您这种脚踏实地、艰苦治学的精神实在是应该发扬光大的。至于您生前所治的那套学问，我不敢说有谁能完全地继承下去，但相信一定会后继有人的。

父亲，在您离开我们将近一年的时候，我和您说这些话，希望得到您的理解。现在，您安居在天国，脱离了这既让人留恋又让人厌恶的人间，清净无忧，可以冷眼观察世事。您有足够的时间，反思一切，总结一切，祈望您能把反思得到的心得留下来，等我到了您那里的时候，我们再做充裕的交流。

祝您在天国愉快并请代向老祖、母亲、姐姐及其他诸位亲人们致意！

您的儿子：季承

2010 年 5 月

最后的愿望

2009 年 7 月 19 日上午，父亲的遗体告别会在八宝山殡仪馆举行。在群众吊唁开始之前，许多位国家领导人便陆续前来吊唁告别。我站在灵堂右侧为首的位置，和他们一一握手言谢。当温家宝总理来到大厅向父亲遗体鞠躬告别后，随即走到我的面前，说：“节哀，保重。”这时，我将一封事先准备好的信递给了总理，说：“这是父亲让我转交给您的信，请您收下。”总理接过信说：“好。”事情只用了两三秒钟，随即他左手持信，仍用右手和其他亲属握手慰问，然后匆匆地离开了告别厅。

这是一封什么样的信呢？应该说这是一封既平常又不平常的信。信封里装的是三页纸：第一页是父亲于 7 月初写给温总理的信；第二页是我写给温总理的信；第三页上只写着八个大字。

父亲给温总理的信，写的是他支持民办教育的态度。他出任陕西服装艺术职业学院名誉院长，而该学院在 2008 年专科升本科时遇到了意外的情况，他们完全符合升本的条件，但结果却没能升成，给该院数千名学生和教师以极大打击，给该院发展造成了巨大的困难。父亲因而为之愤愤不平。两年多来该校经过无数次努力，向有关领导人反映，与主管部门交涉，依然没有达到目的。这时父亲想到了温总理。他猜想，温总理在 8 月初一定还会到医院来看他，届时他准备将他写好的信交给总理，相信总理一定会给予帮助。可是，信写好后仅几天，父亲便突然离我们而去。于是这封信便成了他最后的愿望了。父亲生前，从不为私事央求领导，为公事也很少去打扰领导，特别是像温总理级别这样高、这样忙碌的领导。这次为陕西服装艺术职业学院打抱不平，也属于罕见之事，可见父亲内心的不平有多强烈。

另外，或许大家会感到奇怪，作为一位学者，父亲为什么会和陕西服装艺术职业学院打起了交道？一是因为服装也是中国文化的重要内容之一；二是因为该学院乃是我国民办高校的佼佼者，他对办校人、年轻的教育家吕明先生，有极高的评价。这样说，父亲为该校给总理上书直言，打抱不平，就很好理解了。

我的信很简短，不外乎是向总理说明父亲写信的初衷，而那八个大字则是出于我的感情的表露：总理友情，永世长存。

据了解，没过多久，总理就将父亲的信转给了主管部门，该部门的领导非常重视，正在抓紧处理。相信陕西服装艺术职业学院升本的事情一定能够顺利解决，父亲最后的愿望一定能够得以实现。

最后的题词

父亲不是书法家，可是从20世纪90年代初开始，父亲不得不题起词来。那时，他给秘书李铮题了一幅字，写的是陈寅恪的一首诗：

无力蔷薇卧晚愁，有情芍药泪空流。东皇若教柔枝起，老大犹堪秉烛游。

在下款写有如下字样：

录陈寅恪师诗赠淑燕李铮　予决非书法家不过为人赶上架而已　季羡林　庚午年荷月

庚午年是1990年，荷月是6月。字体完全是平时书写的样子，绝无书法味道。从这幅题词来看，父亲那时已经开始为人题字，虽然不是书法家，可是已经不得不写了，而题词到了赠给徐淑燕、李铮的时候，恐怕不可能是在大量题词之初，也就是说他在此之前已经开始了他的题词活动。

先例既开，那就无法遏制，父亲给人题词写字的事也就一发不可收拾。一二十年来父亲究竟写了多少字，题过多少词，恐怕难以统计，总归是不少，甚至可以说很多很多。开始不算书法，写得多了也就被看成书法，开始不算书法家，后来也就被当成书法家了。

不愿意，也不行。父亲是热心人，基本上是有求必应，所以写字的机会便很多，题词竟成了他晚年的一项重要活动了。他曾多次风趣地对人说，像他这样的所谓书法家给人题词有两个要诀，一要大胆，二要脸皮厚。

父亲住进301医院以后，腿脚不便，视力下降，小钢笔字已基本不能写了，但书写较大的毛笔字还得心应手。他写字，不挑剔笔墨纸张，不讲究布局，提笔疾书，一气呵成，有时连蘸墨都顾不上，在这种情况下，枯笔焦墨却也能获得意外效果。因此父亲不是书法的书法却也独具风格，别树一帜，颇受人们的欢迎。

有一次，父亲的老友臧克家的女儿臧小平打来电话，请他为自己的父亲在老家的故居题写名字，要求写“臧克家故居”五个字。父亲听后，欣然应允。在这之前，父亲曾应邀题过“生死之交”四个字给她。这时，孔子卫视也请父亲为他们题词。父亲听说这是专门宣传孔子的卫视，也随即应允。地处四川地震灾区绵竹市的广济学校，完成灾后重建，决定设立展览室，希望得到向地震灾区捐过款的季羡林先生的题词，来信恳切央求，父亲听说后也义无反顾地应允下来。

父亲有个习惯，凡是答应下来的事，一定不会拖延，都是急切地去处理，题词的事也是一样。现在已经有了三个题词的任务，我心里也着急起来。7月10日下午三点半，父亲午睡起来，立即问我今天有什么作业。我说有几个题词要写。他立刻说，马上就写。于是我和护工把纸笔和墨水准备妥当，父亲很快挥毫将三幅字写就。“臧克家故居”“宏扬孔学，世界和谐”“抗震救灾，发扬中华民族优良传统”三幅题词大功告成。这时已经是下午四点钟了，我接着给父亲揉胳膊——近来他的左胳膊疼痛加剧，医院里虽然采取了各种医治措施，但效果不大，每天我去医院之后都要为父亲揉胳膊。那天我给他揉了半个小时，四点半我因为要参加一个重要会议，必须离开。于是我和父亲说了明天见，就离开了医院。岂不知这竟是和父亲的永别，这三幅题词也成了父亲的绝笔。

最后的关注

父亲突然离世，我感到极为茫然。稍加安定之后，我就反复琢磨，他在离世之前主要想的是什么，什么事情是他最关注的。于是我去翻检我的日记，我发现，近一个月的时间里，反反复复总是一个话题：国学和国学院。

父亲关心国学已经有很长时间了。从20世纪80年代开始，父亲就写了一系列的文章论述国学，对于国学在国内的兴起和在世界的传播寄予厚望。在新世纪即将到来的时候，父亲坚信，在下一个世纪，东方文化将有更大的发展，有可能成为世界文化的主流，并预言只有中国文化可以拯救世界。及至2007年，父亲又明确地提出，国学应该是“大国学”的概念，不应该是狭义的国学的概念。所谓大国学就是长期以来由我国多民族，甚至外来人士共同创造的涵盖广博、内容丰富的文化内涵。父亲关于“大国学”的观点，对国学的发展有重要的意义，受到学术界的高度评价。

弘扬国学有很多途径，办学自然是重要的一种。国内兴办国学学校，已经为数不少；世界范围内的“孔子学院”数量也已经有几百家之多。可是办得好的、成功的，毕竟是少数。所以如何办好以国学教育为主的学校，仍然值得探索，也是父亲很关心的问题。

正好，陕西西安有一位年轻的教育家，有志于从事开办国学院的事业，专程到北京来会见我父亲，探讨此事。这位年轻人名字叫作吕明，他从 21 岁大学毕业开始，以借来的 7 万元经费起家，经过十几年的艰辛奋斗，现在已经办成三所高等学校，拥有几万名在校学生，还有若干家企业，资产达数十亿元。他把打算兴办国学院的想法告诉了父亲，父亲立即派我前往西安实地考察。回来后，父亲问我："情况怎样？"我说："很好。"父亲又问："这事能不能干？"我坚定地说："能。"父亲说："那就定了。"于是，父亲立刻举行收徒仪式，接收吕明为自己的弟子，委托他筹办以自己的名字命名的国学院——季羡林国学院，并答应出任名誉院长。

父亲的想法得以落实，紧锣密鼓的筹建工作已经开始。我几乎每天都向父亲报告国学院筹建的进展情况，他心情十分愉快。可以说，父亲的最后几个月，就是在这种愉快的心情中度过的。

现在，虽然父亲已经离世，可是国学院的筹建工作进行得十分顺利、十分迅速。主体大楼已经装修完毕，设备已经到位，几个专业的若干位专家已经聘用，工作正在有条不紊地进行。父亲这一最后的关注，终将得以完满实现，他在天之灵，一定会感到无比的欣慰。

最后的散文

今年年初，大约是在临近春节的前十几天，我在父亲的病房里发现了一张便笺，上面有一行潦草的字，左高右低，斜斜地展现在纸上。我仔细地看了看，那正是父亲的笔迹。可是要辨认出父亲写的是什么却很困难。看过几遍，可以断定，那显然是一篇文章的一个标题和开头的一句话。“一年将尽夜　万里未归人”，这是标题，接着写道：“我已经忘记了，是在什么书中读到了这么两句诗的。”下面便是空白了。我推测，这恐怕是父亲在想写点什么东西，而没能写完。没过几天，我又在病房里发现了另外一张便笺，上面有一段文字，但笔迹显然不是父亲的了。这段文字和格式如下：

一年将尽夜　万里未归人

我已经忘记了，是在什么书中读到了这么两句诗的。作者当然更忘记了。这两句话看起来很平常，很简单。但是身临其境者，感受却完全不同。我流浪德国达十年之久，每一年都有一个“一年将尽夜”。在那十年之内，我当然是一个“万里未归人”。每到一年将尽夜的时候，想到自己的处境，总要哭上一场。

中国古代诗人有一句有名的诗：每逢佳节倍思亲。……

文字到这里就中断了，文章当然也没有完成。便笺最上面写的日期是 2009 年 1 月 23 日，离春节只有三天。

稍加思索，我突然感悟：啊，这是父亲没有完成的一篇散文！

从那一行潦草倾斜的文字可以看出，父亲曾是以多大的毅力，想用自己的笔来写自己的文章的。从那一段由别人替他记录的文字，可以看出他是多么希望继续写作，继续抒发他曾经多次写过的他的思乡之情。他在 2007 年出版的《病榻杂记》里，曾经向世人宣布过，他虽已经到了耄耋之年，但他是不能封笔的。他还要写，而且要自己写。可是他的视力逐渐减退以至不能辨认较小的字，那曾经写过上千万字的手也不太听使唤了。用钢笔写字的时候，虽然戴上度数很大的眼镜，仍然不能看清笔画，更难以掌握书写的方向。他当然不服输，仍然决心自己去写，但那一行歪斜模糊的字迹彻底打破了他的雄心壮志，严酷的事实逼迫他不得不放下笔。之后，他一定经过非常苦恼的过程，才决定去求助于别人。可是，有了别人的帮助，为什么竟然连一篇文章都没有能够完成呢？这当中一定另有使他不得不放弃的原因，而这种原因除了痛苦之外不会有什么别的东西的。

那时，父亲已经在口述历史，就是他讲述，别人记录。这种做法，对于父亲来说，肯定也是无奈之举，自然是口服心不服的。但是由于那是一项巨大的工程，他只好接受那种方式。可是，对于过去曾经得心应手的短篇散文来说，他无论如何舍不得或者说不习惯由别人执笔来替他写。有了思绪，顺手写来，情思汹涌，手下的笔迹龙飞凤舞，一篇好文章瞬时可成，多么惬意！现在，他说一句，别人记一句，思绪时断时续，写字的笔握在别人手里，这种写作的方式对父亲来说真是一种痛苦。他很想恢复往日的做法，动手去自己写作，于是就有了上述的尝试，就有了上述的文字，也就有了上述的失败和挫折。对于一个终生舞文弄墨的老人，这是多么大的打击，多么大的痛苦。于是，他宁愿不出文章，也不愿意去受这种痛苦的折磨。他放弃了写的愿望。

父亲不服老，是他在进入高龄时的心态。这种心态，使我肃然起敬，使我心灵震撼，使我产生极大的同情，也使我陷入极大的悲哀。面对这种情形，做儿子的我能做些什么事情来帮助父亲摆脱这种绝境呢？这等于使一个人绝处逢生啊！

有一天，父亲告诉我，他还有几篇文章要写，于是我趁机向他提出，由他来口述我来记录，把它们完成。可是父亲犹豫了很久以后说："再说吧。"我没有敢坚持。我觉得父亲一定是希望有一天他精神好一点的时候，自己动手来写，因为他相信，过了那段时间，自己的精神一定会好起来。可是，他的愿望终归没能实现，上述的几行字竟成了他最后的散文，而他心里打算写的那几篇文字，也成了泡影，我知道至少有一篇的题目是"泉城忆旧"。

父亲从 1933 年开始写散文，一直写到 2008 年，75 年间，他写了几百篇散文，可是最后的这篇散文竟要求助于别人，尚且不能完成，对于父亲来说这太残酷了。

最后的高论

父亲一生写过大量的散文和杂文，数量不下几百篇，内容更是庞杂无比。特别是杂文，表达了父亲的一些见解，其中有许多一般性的议论，有许多独特的见解，更有许多属于高论。所谓高论，我理解，应该是超乎寻常、与众不同的言论和见解。父亲喜欢发表议论，也喜欢发表高论。

父亲离世后，我翻检日记，发现父亲有一段议论非常有趣，仔细看来，竟是父亲最后对我说的属于高论一类的东西。这应该就是他最后的高论了。不过你猜，这最后的高论是什么？恐怕你不会想到，是关于美人问题。父亲谈美人问题，在我和他重聚之后有过多次，每次都连带谈到缠小脚的问题。父亲过去写过一篇《我的美人观》的文章，这次旧话重提，对我讲起他对这个问题的高论来了。

首先，他认为，在世界文明古国中，没有哪个国家像中国这样，留传下来这么多超级美人的故事，诸如西施、明妃、赵飞燕、貂蝉、二乔、杨贵妃、柳如是、董小宛、陈圆圆等。这是为什么？他在上述文章里，曾说他对这个问题还考虑得不够深透，可到了和我谈话的时候，他却有了自己的看法。他说，这大概和民族的特点有关。

中华民族是最爱美的民族，凡是美的东西都喜欢，都欣赏。美人是美好事物中间重要的一种，因此不但受到帝王将相、公子哥儿的喜爱，也为普通人民所喜爱。中国又是一个非常重视历史、重视历史记载的国家，所以这些美人和她们的故事就被记载下来，传承下来，形成了中华文化的一大特点。

其次，说到美人之所以美，这牵扯到美学问题，而美学又是玄而又玄的，父亲不愿意深入探讨。他只想用他朴素的看法去分析这个问题，给出美人为什么美的一种解释。美人美有多种原因，父亲也只就一点说来，那就是美人皆有细腰。细腰成为美人美的答案，也成了父亲美人观的立论之点。至于为什么有细腰就美，父亲也有解释。他认为，女人有细腰，走起路来婀娜多姿，步调轻盈，很容易产生“感情移入”的效应，能有和美女化为一体的感觉，飘飘欲仙，得大喜悦，而真诚的喜悦和美感是互通的，于是就美了。

但是，事情总是“美中不足”的。在一个有热爱美人传统的国家里，却发生了一个令父亲百思不得其解的现象，那就是缠小脚。父亲说，女人缠小脚非但残酷，也谈不上美。男人怎么会觉得小脚是美的呢？不可理解，更不知道为什么会发生这种现象。这个问题，他曾经多次谈到，而且还特别表扬了满人，因为他们虽入主中原但就是不缠小脚。不过父亲似乎也感觉到，缠小脚恐怕仍然和美有关，因为小脚女人走起路来也有与细腰女人相同的效果，与近代女性穿高跟鞋有异曲同工之妙。古时候，高跟鞋尚未发明，为了让女性们尽显她们的诱人风采，宫廷里首先让女人们将脚缠起来，结果效果惊人，备受赞赏，随之也被民间接受，甚至成为民族的传统。再后来，不光是小脚女人行走时的风采诱人，就连小脚本身也成了引诱男人的物件，以脚小为美随即也成了人们的定识。总之，以残酷换美感（性感），就是缠小脚的真相了。类似的情形，在其他民族中间也并不罕见，譬如把脖子拉长、把嘴唇割裂、把耳垂撑大、在鼻子上穿洞，等等。一个丑陋的传统，竟和美有关，这是父亲不能接受的，因为对他来说，为了获得美的效果而对女人采取如此残酷的做法是不可思议的。

父亲爱美，当然也爱美人，他的这一“最后的高论”充分体现了他对美的认识和追求，在寿近期颐的时候，仍把“美”和“美人”的话题拿来思考，足见他对生活的热爱。

最后的眼神

7 月 10 日下午四点半，给父亲揉完胳膊要离开病房的时候，我说："我要去参加一个会议，是筹备国学院的事。不能陪您吃晚饭了。"父亲说："好，你去吧。"我随即附和："明天见。"便离开了病房。

现在回忆，我走开的那一刹那，父亲和我的眼光曾有短暂的相遇，我捕捉到的父亲的眼神，与平时的很不同。细细想来，这眼神的确不同于平常，藏有不同寻常的信息。那是一种什么样的眼神呢？很难说清。里面似乎含有不情愿、忧伤、眷恋，甚至一丝丝的绝望。现在想来，他实际上是不愿意让我离开的，如果知道这次分别竟是诀别的话，我绝不会离开父亲半步的！

我们父子分别十三年，相见之时，父亲的眼神除了兴奋、欢喜、骄傲外，更多的是满足。我们交谈之时，眼神相遇，没有躲闪，没有迟疑，没有忏悔，更没有怨恨。我们的眼神再平常不过了。这种平常，是我们共同的生命境界的反映。我们已经超脱了一切凡俗的纠葛，站在了人间恩恩怨怨之外，获得了大的谅解。一次，我对父亲说："你现在已经是佛了。你就是活佛。"他笑了笑说："说我是佛，可我不信佛，因为我不想涅槃。"不想涅槃，这是父亲顽强欲生的反映，只在这一点上，他还带有世俗的烙印。

从见面到父亲突然离世，八个多月的时间里，我们谈过很多话题，几乎每天都有新的话题，可从来没有谈论过家庭和父子之间的恩怨，也很少谈论人间的恩怨。这些事情对我们来说，已经释然，已经完全淡化，成为过去。一切已经云淡风轻了。因此，父亲的情绪总是那么平稳。

可是，父亲在 7 月 10 日下午四点半时的眼神却显得不那么平常了。那是他感觉到了什么，抑或只是偶尔的现象？到现在，每当我闭起眼睛，父亲那种从没出现过的眼神，就会在我的脑海里显现：不情愿、忧伤、眷恋，甚至有一丝丝的绝望。每当回忆起他彼时的眼神，我内心就会涌起一股冲动、一股巨大的同情和怜悯。父亲究竟也是人啊，他希望有亲人的陪伴，他希望活着，他不愿意涅槃，他希望活到“茶”寿，更希望永远活下去！

我了解父亲，我热爱父亲

《我和父亲季羡林》出版已经近三个月了。出乎我的意料，这本书在社会上产生了强烈的反响，引发了一场至今仍未平息的争论。争论的中心问题好像还很重要，似乎已经涉及人伦道德的大是非，涉及如何写名人传记的原则问题。

起初，我对这一现象感到很不理解，对一些尖锐甚至刻薄的评论难以接受。一段时间过后，我对读者强烈的反应很理解，因为在此以前，在他们心中，父亲的形象几乎可以说是完美无缺的。这是多少年来培育的结果，也是他们心目中期待的形象。他们习惯这种近乎完美的形象，希望世上能有近乎这样的神祇的个人存在。这是一种需要，而且已经成为共识。在这种情况下，一旦有一些故事，和自己心目中的形象相抵触，反应强烈完全是在情理之中。

无须争论，人们需要偶像，偶像也需要培植。但培植偶像不能掩饰他们的缺陷，因为没有缺陷的偶像就是神，这种人在世界上是不存在的。如果要培植这样的人，其实就是培植一种宗教，一种迷信，一种宗教式的崇拜。过去由于这种对人宗教式的崇拜而产生的各种恶果，我们是深深领教过的。在现今开放的社会，我们不应该再重蹈覆辙。所以，我的书那样来写我的父亲，不应该受到谴责，而应当受到鼓励。

有许多读者，对于我的书有客观的评价。他们能理智地去读里面的故事，冷静地、不带个人偏见和意气地分析我写书的动机和可能引发的各种反应，肯定我写书的方法。他们认为，真实是写传记的最高原则，刻意地避讳和拔高都是不可取的。我对这部分读者表示敬意。

要做到真实，就要有真正的了解。我自信我是了解我父亲的，也可以说我是最了解我父亲的人。父亲在学术和为人两方面都造诣颇高，堪称楷模。但是他绝对不是神，如果将他神化，是没有什么好处的。过去有一个时期，就有将他神化的倾向，给读者造成了片面的印象，以至于谈论父亲的缺点或弱点竟然成了大的忌讳，原因只不过是违反了什么“为尊者讳”“子为父隐”等旧礼仪、旧传统。也就是说，他们并不否认那些缺点或弱点的存在，但是一定要写书的人把它们隐藏起来，即所谓的要“讳”起来。如果不讳，就可能遭到铺天盖地的口诛笔伐，当然也不免会有趁火打劫者，更不惜以大棒和诬蔑相加，甚至以死来威胁。这是很不正常的，是不应该发生的现象。

有了了解，才会爱。我爱我的父亲，也可以说我是最爱父亲的人。在这一点上，我的姐姐和近亲们与我也是完全一致的。说最爱，是因为我最了解他，因为了解，我才敢于写出我书中所讲的故事，那都是真实的、真诚的、善意的。从这些故事里，人们虽然可以看出父亲有偏狭、自私、吝啬的一面，但总的说来，他是一位勤奋刻苦、平凡朴素、有国有家、爱国爱家、学有所成的人。对于父亲所有的所谓缺点和不足，我和亲友们都可以以一句话而完全谅解，那就是“他不容易”。就是在这种认识下，我和叔祖母、母亲、姐姐以及所有的近亲对父亲就只剩下爱了。我们容忍他、爱护他、尊敬他、呵护他，以他为中心，始终如一，无怨无悔，一切都是为了让他有好的研究环境，有好的活动条件，让他充分发挥他的爱好和能力，为社会做贡献。

至于应该如何写名人传记，我想这是一个十分严肃的问题，其实也是一个容易回答的问题。传记就是历史，写传记就是写历史。难道写历史可以不真实吗？可以特意地去隐讳什么吗？我们不是倡导“实事求是”吗？实事求是地对待历史，对待个人，对待一切事物，是起码的唯物主义原则。我们只怕做不到这一点，哪里有理由去违背这一原则呢？

我写这本书的时候，并没有想到这么多问题，也没有想到要在什么样的理论指导下写作，我只不过抱着一颗朴素的心，讲一些真实的故事，以便让大家对我们季家和父亲有更多的了解，以图得到大家的理解，求得共识，达到和谐。里面难免有抱怨，有情绪，但一定都是善意的。现在，我仍然抱着这一初衷，准备和大家交流、讨论，希望能有接近一致的认识。这是我最良好的愿望。

2010.7.25

附录二　父亲的日记摘抄

为何学梵文

中华民国二十四年（1935年）

十一月一日

终于又来到 Gŏttingen（哥廷根，又译格廷根）了，这以后，在不安定的漂泊生活里会有一段比较长的安定生活。我平常是最喜欢做梦的，而且我还自己把梦涂上种种的颜色，最初我做到德国来的梦，德国是我的天堂，是我的理想国。我幻想德国有金黄色的阳光，有 Wahrheit（真），有 Schŏnheit（美），我终于把这梦捉住了，我到了德国。

然而得到的是失望和空虚，我的一切的希望都泡影似的幻化了去，然而立刻又有新的梦浮起来，我梦想我在 Gŏttingen，在这比较长的安定的生活里，我能读一些书，读点古代有过光荣而这光荣将永远不会消灭的文字。

现在又终于到了 Gŏttingen 了，我不知道我能不能捉住这梦，其实又有谁能知道呢？四周是这样静，与柏林一比，简直仿佛到了深山里。在寂静中，过去的事情又奔凑到我的心里来，在寂静中，我眼前闪动着希望的光！

早晨从旅馆出发，提了箱子拿了地图，从西城一直走到东城，走到 Munchhas，但路却真的并不远，Gŏttingen 终究是小城。

读不下去，但也强忍着把翻译习题做完了。十一点半又出去散步，外面还下着雪，我一直上了山，顺着大路向上走，又折回到林间小路上来。详细看，哥廷根全城都在眼下，哥廷根城的面目我看得不算少了，但今天又看到一派新的，城上盖着一层雪，浓浓的灰色的雾气把城隐住，远处的房子一点也看不到，只看到两侧教堂的尖顶，还向上直刺着灰暗的天，衬着后面的灰雾，尖顶的影子仿佛印上似的清晰。

回家写了一封信给大千，又读了几页读本，天色就黑下来了。

黄昏的时候章俊之（章用，字俊之，中国近代数学家）来访，带给我他新作的诗，我问了问数学界的情形，问了问 David Hilbert 的情形，他把人名与书名用笔写了下来。因为峻岑想知道德国数学界的情形，要我替他问。

他走了以后，我心里又忽然起了一阵莫名其妙的不痛快。我觉得一切全无意义，到德国来就没有意义，何必自寻这份苦恼呢？但一会儿就好了，我自己也难说为什么。

吃过了饭，就读拉丁文。

十六日

早晨忽然露出了阳光，满屋里通明，心里颇高兴，但不久就又被灰雾遮住了。

早晨读文法，做翻译习题，十点半去上课，到了 Seminar Gebude 才知道 Wilde 因事不能来上课，我只好走出去，到街上走了走，满街是雪，走起来很滑，一不小心就会摔倒。

下了 Heinrich 的课回家吃过饭，读读本，黄昏的时候，出去散了散步。回到家来章俊之来访，她母亲要请我的客，我们又谈了一会儿，谈的是诗，他认为古诗十九首比一般人承认的时间要早，他还想把中国诗里面所有的含有 Gedanke 的诗选出来，做一个比较的研究。

晚上读拉丁文，精神有些萎靡。

我又想到我终于非读 Sanskrit（梵文）不行，中国文化受印度文化的影响太大了，我要对中印文化关系彻底研究一下，或能有所发明。在德国能把想学的几种语言学好，也就不虚此行了，尤其是 Sanskrit 回国以后想学，不但没有那样的机会，也没有那样的人。

十七日

早晨天阴得一塌糊涂，黑得简直如黄昏。我读了几页文法就去上课，顺便到邮局把应缴到学校里的钱寄了去。到了 Sanskrit Gebude 的时候，又看到太阳了。

下了课回家，吃过饭，读读本，四点半又去上课。路非常难走，雪半化不化，随时都有摔倒的可能。

下了课回家的路上，我又想到 Sanskrit，左想右想，觉得非学不行。自己对文学固然有兴趣，但又不安于只学文学，而且现在又是学的外国文学，自己对本国的东西又不能忘情，然而现在自己却已经来到外国了，所以我早就想怎样能利用在外国的这几年来学一种回国后立刻可以应用到研究本国东西上。问题是我要学什么呢？我到德国以后就想这个问题，始终没得到解决，现在想到学 Sanskrit，我觉得最好不过了。此外。自己还有好研究奇僻的东西的倾向，Sanskrit 也足够奇僻的了。

晚上读拉丁文。

十八日

天色仍然阴沉沉的，今天一天没有课，心情觉得非常松散，早晨读了几页文法，做了点翻译习题。

十一点半出去散步，一直走上山去，沿着山间的马路向上走，路上积了雪，非常滑，随时都要小心。

路旁是一根根的树干直刺着灰色的天，令我想到一幅中国的水墨山水画，不知是什么树上结着一串串的红色的樱桃似的颗粒，在白雪黄叶的映衬下，更显得红得如火。我有时一眼花，眼前两边一片红光，但当我定了神，去找的时候，却只看到一颗，只有一颗，红宝石似的颗粒高悬在一片叶子都没有的枝子上。

从南面山径上转下来的时候，抬头又看到哥廷根城，又看到城西的山，但却又换了一个面目了，淡黑的一片是树林子的影子，淡白的一片是雪的影子，都错综排列着，再向上是灰蒙蒙的天，天上印着雪影子，树林子的影子；雪的影子里树林子的影子里说不定也有天上的云影。

关于伊姆加德

十八日

早晨六点半起来，吃过早点，想写论文，思绪却乱得很。九点多到以纲家去，按了几次铃，没人开门，正要走，以纲忽然在上面喊我进去坐了会儿……

七点半到 Meyer（迈耶）家去，一直谈到十点半了才回家来，Irmgard（伊姆加德）愈看愈可爱。

二十四日

吃过晚饭，七点半到 Meyer 家去，同 Irmgard 打字，她劝我不要离开德国，她今天晚上特别活泼、可爱，我真有点舍不得离开她，但又有什么办法？像我这样一个人不配爱她这样一个美丽的女孩子。

十点多回家来。

三十日

星期日，夜里又起来工作了两个钟头，早晨七点起来，吃过早点，校对稿子，十点到 Prof. Waldschmidt 家去，谈了谈我的论文。

十一点回家来，把论文稿子整理了一下，十二点到张动洋家去，周程同他替我们饯行，士心夫妇、以纲夫妇都去了，吃了顿丰盛的午餐，还吃了点心，一直坐到快六点，我们才出来。我回家拿了钥匙就到 Bochucke 家去，她请以纲夫妇同我，也是饯行。

到德国已过十年，现在又要走了，我别中国的时候，并没有感到这样的离情，现在反而触目伤感。

十年一觉哥城梦，哥城仿佛真成了我的第二故乡了。最难过的就是 Irmgard 昨日又对我说，让我不要走，我真也舍不得离开她，但命运这样，又有什么办法？我们吃完饭，谈到十点，回家来，外面下着细雨。

十月一日

早晨七点前起来，吃过早点，校对稿子，九点到以纲家去，士心也去了。一位姓支的中国同学也在那里，我们谈了谈到军政府交涉的事情。我先出来进城在大学办公处前面等 Dr. Stange，一直等到十一点半他才去。院长办公时间又改了，我们只好明天再去，他陪我走到家，雨一直在下。

吃过午饭，士心来，告诉我交涉的情形，就走了。三点前到 Meyer 家去，同 Irmgard 打字，四点回家来拿了花到 France Piners 家去，她今天生日，五点又回到 Meyer 家，一直打字打到七点多才回家来。仓促吃过晚饭，又回到 France Piners 家，吃了块点心，九点回家来。

十月二日

七点起来，吃过早点，到大学办公处前等到 Dr. Stange，一同去见院长 Prof. Schffler 告诉他我礼拜六就要走。出来到梵文研究所去，想校对稿子，但思绪如麻，一点也不能安定，只是觉得事情多，不知应该怎样下手。十点到程家去，出来在街上等到 Dr. Stangc，说了几句话，到矿物研究所去上中文，今天是我的最后一课。十二点 Dr. Stange 走，同程周支讨论我继任人选的问题。回到家来吃过午饭，校阅稿子。三点到 Meyer 家，把稿子打完，Irmgard 只是依依不舍，令我不知怎样好。回来校对稿子。五点程、周、志陆续来，六点多走。我仓促吃了点东西，就进城去参加音乐会，九点半回来。

十月三日

早晨六点就起来，校对稿子。吃过早点。仍然校对。九点半出去到 Military Government 前，以纲近来想见 Capt. Watkins。等了会儿，他只是不去，我事情太多，只好走了。到梵文研究所校对稿子。十二点大体弄完。到 Steiff 家向她要字典，她只是磨蹭。回来吃过午饭，又校对稿子，收拾箱子，四点进城买了点烟，到 Dr. V.Grimm 家去辞别，五点半回家来，吃过晚饭，今天晚上居然有电，看了会儿曾国藩书札，思绪万端。

清华园日记

中华民国二十二年（1933 年）

三月二日

今天接到叔父的信，说婶母不忘思讲事宜。

从信中说“此汝自招之也”。我看了真有说不出的难过。这种事，我经两次了，自己的老的既是这脾气，自己再偏混蛋，不是“自招”是什么呢?

我看到将来，我战栗了，总有一天，会使婶母更失望的，但是又有什么办法呢?

人生竟是这样的吗？！——

三月三日

这几天心绪坏极了——人生还不过这么一回事，只有苦痛，到头来也是无所谓。说我悲观厌世吗?

我却还愿意活下去，什么原因呢？不明了。

家庭，论理应该是很甜蜜，然而我的家庭，不甜不蜜也罢，却只是我的负担，物质上，当然了，灵魂上的负担却受不了。

十一月二十五日

……

上午在长之屋面谈，看清华对辅仁的篮球赛。

我最近很想成为一个作家，而且自信也能办得到。说起来原因很多，一方面我受长之的刺激，一方面我也想先在国内培植起个人的名誉，在文坛上有点地位，然后再利用这地位到外国去做翻译或者创造（应为“创作”——编者注），做经济上的来源。以前我自己不相信自己会写出好文章来。最近我却相信起来，尤其是在小品文方面，你说怪不怪？

这几天来，我就起起落落写着心痛，想写成一篇很好的文章，所以下笔不免踌躇起来。

十一月二十六日

虽然是星期日，但却没能读多少书，因为自己觉得，星期日本来应该进城的，竟没有进城，只读一点书，也就觉得比不读强多了。

看老舍的《离婚》，很不错，比《猫城记》强多了。

几天来，老想到要写文章，根本没有文章的自己以为是个作家不是很滑稽的事吗？

1953年元旦

一月一日

每年元旦，心里总有许多感触，今年似乎特别少，并没觉得今天同昨天有什么区别。但这样一个伟大的年的开始，难道对我一点影响也没有吗？有的，我有任务、决心，决心今年工作一定要做好。在全心全意为人民服务方面再提高一步，把那些残存的个人的打算逐渐克服掉。

早晨吃过早点，念印度大事年表。有许多同学来拜年，系会、朝鲜语科、印地语科的同学都来了。同事也有来的，柳烈先生也来了，十点半，同殷洪之到柳烈家去拜年，吃了很多朝鲜风味的东西。十二点吃过午饭到汤先生家去拜年，迷到路上。

回来休息了一会儿，到系办公室去，同李铮谈了谈，三点回来。四点多黄宗鉴、岑锢华来，吃过晚饭，六点到办公楼等公共汽车进城。

出访尼泊尔

1986年11月24日

早晨四点起来，吃过早饭，七点前出发到首都机场去，李铮、李玉洁送我到机场。

全国人大代表团：

团长：班禅大师

特别顾问：赵朴初

　　　　　夫人陈邦织

顾问：江平

团员：季羡林

　　　扎喜旺徐

　　　强巴赤列

加上工作人员、警卫人员，共计34人

乘波音707专机

九点整起飞，阿沛等送行。

今天天气很好，昨天晚上雨雪交加，现在居然是大晴天，专机有特别座位，有卧铺，但只限于八个人。

我同班禅大师和他的经师坐在一张桌子旁，我对于这位经师很感兴趣。

飞机飞得很平稳，各种名酒、零食、水果、点心罗列桌上。我们开玩笑说："今天飞机飞得很稳，是托了班禅大师的福。"他连连否认，说："我同你们一样。"

约莫两个小时后，飞临成都上空，然后是昌台、甘孜等。下午一点，空中小姐说，下面是拉萨，她说，她看到了布达拉宫。可惜我失去了机会，又过了不久，下面群峰耸立，个个白雪盈巅，一眼望不到边，太阳照在上面，银光闪闪。真可以说是宇宙奇观。

过了一会儿，大家说下面是珠穆朗玛峰，但是有两派争论：一派说在飞机右边；一派说是在飞机左边。那些高耸无际的雪峰个个都不是珠穆朗玛峰，我一时眼花缭乱，满眼都是珠穆朗玛。最后没有办法，聊以自慰："我反正看到了珠穆朗玛，至少我也飞越了珠穆朗玛了。"

下午两点半，尼泊尔时间不到十二点，飞机到了加德满都，大使唐国新先生上飞机迎大师。

附录三　读者评论摘录

季承能说父亲季羡林是人生失败者吗?

叶匡政

季承的新书《我和父亲季羡林》未出版前，我就看了书稿。当时看到季承书中透露的一些细节，很是惊讶。没想到季羡林在儿子笔下，竟是“一个人生失败者，一个孤独、寂寞、吝啬、无情的文人”。这本书无疑颠覆了季羡林作为曾经完美的“大师”形象，肯定会引发很多争议。比如季承写道：“记得父亲在摸了我的头之后，立刻去水缸里舀了一瓢水去冲手，使我感到很新奇。但他从来没有亲过我或拉过我的手。”

这种对亲情的淡漠，人们多难理解。联想起前些年，老鬼写的《母亲杨沫》一书，讲述的也是杨沫亲情和母性的泯灭，觉得这像是一个时代留给知识分子的集体烙印。于是我写道：“这些年公众对季羡林老人，常有家事国事、时事逸事混淆之嫌，但愿季承这本书能为一切做个了断。不为尊者讳，剖析自己的父亲，这需要勇气。虽然书中有些细节，真实得让人感到了苦涩和悲怆，但对亲情的淡漠，却是一个时代留给知识分子的集体烙印。这是一个特殊的世纪家庭对历史的见证。”

虽然写下这段话，但这个问题仍旧困扰着我。因与父母的感情很好，季承先生遇到的问题，我并没亲身经历过。即使父亲在我小时做过不妥的事，我也从未往心里去过。过去多说“为尊者讳，为亲者讳，为贤者讳”，这句话出自《春秋公羊传》，原意是指孔子在处理一些难以定论的历史史实时，用的多是一种讳而不言的态度，即便提起，也是三言两语一笔带过。那究竟“讳”些什么呢？《春秋谷梁传》中说“为尊者讳耻，为贤者讳过，为亲者讳疾”，也就是说凡是尊者、贤者、亲者的耻辱、过失、不足，都最好少说，对那些有失三者体面的事，知道的人越少越好。

现在人们对尊者、贤者，已很少认为有“讳”的必要了，但对自己的亲人长辈，仍有“为亲者讳”的心理。所以，我们一旦遇到季承、老鬼这样大曝长辈隐私和弱点的人，心中总是五味杂陈，难以判断这种行为是否值得倡导。从还原历史真实的角度来说，这么做似乎是有必要的。但这样做，又会对亲情人伦有所伤害，确实让人难下定论。当然，在和睦的家庭，是不存在这种困扰的。

孔子在《论语》中有过相同的讨论，他认为“父为子隐”“子为父隐”，是一种真实情感，理应受到保护。我也写过一篇文章，从法律角度谈这件事，认为法律理应以人伦之情为基础，当亲情都无法信任时，法律的严明也就失去了它的意义。人伦秩序是一个社会最需要尊重的底线，即便是对法律、对历史的尊重，都要以保护人伦之情为前提。如果一个人不愿意，我们不能以法律或历史的名义，要求他做出伤害人伦之情的事情。

西方伦理学也有过这种探讨，并形成了一些原则性的定义。举一个简单例子，当一个老师当着全班同学的面问一个孩子，他的父亲是否经常酗酒，如果他的父亲确实酗酒，这个孩子却矢口否认此事，这个孩子是在说谎吗？在多数伦理学家看来，这个孩子的回答是正当的，不应承担说谎这一指责。因为很简单，任何家庭都有自己的秘密，作为一个孩子保守这种秘密，没有任何过错。反而是这个老师，以不合适的方式，在公众面前侵害了这个孩子的家庭秩序和父亲的尊严，没有尊重别人的家庭隐私。在伦理学家看来，这个老师反而要承担说谎的耻辱。

基督教也这么看。上帝虽然认为世界已经堕落，但依然用无花果叶和衣服遮盖了人类的隐私部位，不让他们赤裸相向。这里的无花果叶和衣服，就表明上帝允许人类向其他人掩饰自己的丑陋之处，并认为这也是世界秩序的一部分。也就是说，除了工作、政治和教会，婚姻家庭是上帝首先要维护的秩序。在上帝看来，人并不能成为别人行为的裁决者和法官，人们只需按自己确定的方式生活和行动，自然会得到上帝的引导。如同人们没必要公开谈论自己的性生活一样，生活中的许多事情，同样可以保持隐而不显的状态，与是否“真诚”无关。真诚并不意味着要揭露每一种事，对婚姻和家庭如此，对朋友的友情也是这样。

从这些观点可以看出，喋喋不休并不意味着就是真实。不同的秩序之间要相互尊重，如果用法律和历史要求的秩序，破坏了婚姻和家庭的秩序，真话讲得太多反而沦为谎言，因为它破坏了缄默和秘密的神圣感。对于家庭来说，真话是有边界的，即不能不顾及亲人的弱点和羞耻心。否则，这种真话讲得越多，越会破坏人与人之间对于真实的认知和理解，破坏家庭成员之间的信任感，使背叛成为一种常态，最终婚姻和家庭只会成为一片废墟。

尼采说过：“任何深刻的心灵都需要一副面具。”这副面具不是指伪装，更不是指要蓄意蒙骗他人，而是指要尊重人与人之间对立、不和的真实处境。人并非因为有了过错，才感到羞耻，而是将那些个人的最深的痛苦和欢乐诉诸外人时，都会感到一种羞耻。人总是生活在遮蔽和揭露、隐藏自我和披露自我、孤独和共同体的矛盾之中，这是人性的一种自然反应。所以无论出自亲情还是友情，人都应该尊重这种天然的羞耻心。德国的朋霍费尔写过一本《伦理学》，对这个问题有过深入的探讨。这些伦理学常识，使得西方人对别人的隐私有着一种发自内心的尊重。

中国传统文化和西方伦理学，都有“为亲者讳”的禁忌，只是到今天，人们的这类认知变得模糊了。从这个角度说，季承这本书如果能引起人们关于父子伦理的一些讨论，是一件好事。如果季承先生认为，只有写一本书才能了断与父亲的过节，我也尊重这种选择。

催人泪下父子情

——读季承的《我和父亲季羡林》有感

许培良

这之前，我读了季羡林先生的许多作品，诸如《留德十年》《牛棚杂忆》和《季羡林散文》等。季老确实是一位了不起的大学者。国人通常称他为“国学大师”，我看他是当之无愧的。可以这么说，季老是我国继巴金之后又一座难以逾越的文化高峰。在景仰大师的日子里，忽然，又从新华书店刚上架的图书中觅到了他的儿子季承著的《我和父亲季羡林》（2010 年 5 月由北京新星出版社出版）。没有踌躇，我当即掏钱买下来。

在“国学大师”的背后，在儿子季承的心目中，季老又扮演了怎样的一个父亲角色呢？《我和父亲季羡林》一书的封面左上方印有这样的阅读提示字样：“我一直不认识你们所说的‘国学大师季羡林’，我只知道，在热热闹闹的学术追捧中，父亲的内心是冷的，是寂寞的。但是，他表现的却是淡定从容。毕竟，经过了也就寻常了。”乍看这段文字，读者会认为作者是不是在贬低已亡故的父亲，或者说准备揭父亲的短处呢？一般人都会具有这种习惯性思维。如果你静心读完《我和父亲季羡林》，就会发现，答案是否定的。相反，你会了解一个真正的季羡林、一个非常有作为的儿子季承以及催人泪下的父子情。

在介绍这个家庭时，作者从“季家渊源”写起，一直到“父亲离去后”，其跨越时间之长和内容包含之广，是无不令读者称赞的。全书与季老的自传正好形成了一种天然的补白，两相对照，相映成辉。从父亲出生、童年岁月、中学生涯到清华岁月，从留德十年到进入北大，从父子和解到晚年时光等等，让读者再次感受到了大师非凡的人生历程。同时，也让读者看到了季老的家人在峥嵘岁月里的艰难跋涉。

在儿子笔下，季羡林可以说是一个失败者，一个孤独、寂寞、吝啬、无情的文人。这似乎是由下述原因造成的：早年寄居叔父家、无爱的婚姻、母亲的早逝，塑造了他压抑、封闭、孤傲的性格；他的意气用事几乎毁了自己一家，造成父子长达 13 年的隔阂，也因此使得一些别有用心的人乘虚而入。作者颠覆了被社会塑造的“大师”的完美形象，还原了一幕幕诗意画面后面的血泪。该书真实得几乎残忍，似乎背离了“子为父隐”的儒家传统，真实地展现了季老家庭的悲剧一面。然而，作者残忍的笔触实则包含着对父亲的一颗挚爱之心。因为，只有还原一个真实的季羡林，才是对父亲最大的景仰。作者也相信，世人会在仰慕中接受一个有缺陷的季羡林。一个真正的季羡林也不会因为儿子的直笔而失去崇高和伟大。

“问世间情为何物，直教人生死相许。”作者情深深、意浓浓的真情文字充分表达了作者对父亲的思念之情。作者在《祭父文——和父亲谈心》中写道:“现在,您安居在天国,脱离了这既让人留恋又让人厌恶的人间,清净无忧,可以冷眼观察世事。您有足够的时间,反思一切,总结一切。祈望您能把反思得到的心得留下来,等我到了您那里的时候,我们再做充裕的交流。”唉,催人泪下的父子情!我相信,倘若真有冥冥世界,季老也会接受儿子的一片真情!

《我和父亲季羡林》一书,为我们提供了了解季羡林先生内心世界的一把钥匙,许多“季羡林之谜”从此可迎刃而解。季羡林是一个时代留给知识分子的集体印记,是一个特殊的世纪家庭对历史的真实见证。

我们得感谢季承先生

林 浩

据称，季羡林先生的社会头衔有近百个，而“国学大师”揆持其首。尽管有人对给他这个称号颇有一些微词，并且，先生本人对这顶大帽子是坚辞不受的，但是，老人家术业专攻对人类文化进步有卓越贡献，一生立德、立言、立行，教化后人，惠及深远。退而思之，称之为“大师”，当不是曲徇人意的。

在中国文化的理念中，大师的德行当然应是完美的。虽然得益于当今语言环境的宽松与从容，有的文字暴露了某些前朝大师的“个色”人生，但那些大师多是一辈古人，禁忌总是少了。更遑论有些所谓轶事，疑似口耳相传，谐谑演绎。读来解颐，或者能够填补一下读者阅历的空缺，生发些人生喟叹，却怕是当不得真的。

然而，对待当世的大师则笃定是另一番景象。对于大师们光彩一侧的“阴影”，访谈也好，传记也罢，除了不谙世事的愣头青，或者另有考量的写家，一般来说是避之唯恐不及的。这是儒家文化中有德者说话的明规则：“替尊者讳。”不仅文化人，这一条几乎对每一个中国人都是彻入骨髓的。也因此，一般的文章中，人们难得见到大师们的“阴影”。

话说转来。2009年，季羡林先生以高龄辞世，举国为之痛惜。由新星出版社出版，季羡林之子季承先生撰写的《我和父亲季羡林》一书，被舆论指为“爆父子牴牾，拿父亲卖钱，有损季羡林先生的形象”，斥其为“逆子”“季老人生的败笔”等，一时成为轩然大波。媒体发新闻，发评论，做书摘，不亦乐乎，也试图努力客观公正“弹赞有加”，然而浏览起来，总还是弹多赞少。而“季学家”们，在其当时多保持了缄默。其意晦掩，亦不免令人妄猜。

如今，此事似已喧嚣沉寂，仿佛早被人忘个干净。笔者那天静读此书，却再一次有豁然开朗之感：此书的成因可以探究，发表时机值得考量，但我们仍然得感谢季承先生，我们应当正视季承先生的勇气。这本书，让季羡林先生的形象在大众心中立体起来，丰满起来。我因此反而更加理解这个堪称文化巨擘的老头儿了。

我无意淡化这个“事件”，轻看季承先生为这本书所承受的压力。有违“子为父隐”的古训，从而涉嫌“大逆不道”，仅此一点，便可以压得人喘不过气来。但这也正是季承先生的勇气所在。虽然书中的季羡林，毕竟是季承先生“眼中”的父亲，难脱其局限性。然而，总览百书，哪一本又是没有局限性的呢？

我的第二感是，书的内容其实“并没有什么”。我分明感到，季承先生书中对父亲所持的态度，始终是虔敬和温情的。书中对父亲有所“非议”“微词”的，不外乎父亲的家庭观、爱情观、亲情观；父亲对自己（季承）、对老祖、对母亲、对姐姐，以及因对以李玉洁女士为代表的秘书们相处失度而来的种种纠结，然而态度是客观的、不失理解的。

譬如书中写到，父亲对“叔父这么快续娶年龄比他小很多的女子（婶母）一举很不赞成，所以在婚礼之前，便借口要去德国留学离开了济南……”，之后，又立即据实叙述：“十余年后，父亲从德国回来，得知婶母为季家的生存立下了大功，顿时后悔，便写信称赞婶母是季家的‘功臣’，从此开始了和婶母和谐相处四十几年的漫长历程。”在后来的篇幅里，作者写了对父亲对老祖（婶母）的态度的不满：老祖住院，“父亲一次也没去看过”；老祖去世，“他也没有任何表示……后来倒是有了一篇散文……似乎他夸奖了老祖就是莫大的恩惠”。作者对于父亲“不满”的表述，还表现在季羡林对妻子彭德华也就是季承母亲无爱婚姻的态度上，并涉及他对儿子、女儿在家庭亲情面前的一些“不可理喻”的表现。文字间自有其情绪化的一面，却也有着可以想见的客观。这种客观是“结实”的，相信稍有生活阅历的人，是完全能够想见与理解的。而且，这些描述，对于季羡林先生的“光辉形象”应当是没有损伤的。

其实，每一个人不都是“两个人”吗？一个是“社会的”，一个是“家庭的”。社会所看到的，是大师季羡林，而书中所记述的，是“儿子眼中的季羡林”，是“清官难断家务事”的季羡林。这两个季羡林怎么可能是完全一致的呢？只是，一些人对于以这样一种有悖于传统戒律的方式记述大师特别难以接受罢了。

季承先生的书，让大家知道了大师的另一面。让人再一次感叹人性的复杂与多元，这对于读者是有益的。人们不是一直在调侃吗：完人是要到两个地方去找的，一个是悼词中，一个是传记中。其实，如果不惮直面的话，近十年来，季羡林先生的“道德形象”，如同一支业绩极好的股票，飘红到令人高山仰止、几如完人直至令人生疑的程度。如今，且不论动机如何，季承先生能以天大的勇气，写出了大师父亲的另一面，我们不是应当感谢他吗？

这本书也让人再一次感悟到人生的无奈。人生成功，做成大师，许多事也就身不由己了。因为“大师”笃定是“社会”的。旧有“红学”，今有“季学”，季老身边一批人是要“靠山吃山”的。利益交错，目的不同，自然难避龃龉。何况，“一个人能打多少钉”呢？诸多事宜不可能亲力亲为，那就需要秘书、班子。能够用好秘书而又能不横生枝节，不是常人所能及的，何况是一个日渐高龄的文化老人呢？老人所特别显有的固执、偏执、天真，都会强化地演绎着盛名之下、其实难副的活剧。况且，家庭亲情的事儿，更有着太多的无奈。其间闪烁出何样的人格色彩，谁又能评说得清楚呢？

我也是读过几本有关季羡林先生的书的，而今再读《我和父亲季羡林》，也来发一发管见。我以为，这是一本难能可贵的书。它再次提示世人，人与事一定都是“立体”的。比如，媒体只报道季羡林为家乡捐赠大量图书的义举，却不报道他捐的书，“有的被用去卷了烟，有的被用去擦了屁股”，并且季先生得知后，“感到很惋惜，后来就再也不寄书了。”而且，我是比较喜欢读学理工出身的人写的“文化书”的。他们的书，去浮华，少辞藻，文字踏实可靠。《我和父亲季羡林》正是有这个长处，且比之一般学“理”出身的人文采更好。

感谢季承先生！因为他以不凡的勇气，告诉了历史与现实一位“立体”的大师季羡林。

还原了一个真实的大师

秦锦屏

在名人效应仍起作用的今天，活着或逝去的名家大师、明星大腕，无疑是人们关注的对象。传记、回忆录作为一种兼具历史性与文学性的文体，为读者所喜爱。纵观市面上流传的回忆录、传记文学作品，部分作者出于种种原因，在为名人作传时，不惜将传主塑造、粉饰成“道德楷模”，期望让见贤思齐的读者都来学习主人公，分享他们得“道”复布“道”于人的成功经验。如此，难免出现一些违背事实、刻意造史、美化人物、文风浮夸的千人一面之作。

季承的《我和父亲季羡林》却明显是一个“另类”，它在当下一大片大唱赞歌、塑造完美传主的传记和回忆录类作品中，以其尊重历史、还原生活、不为尊者讳的独特个性，吸引了众多读者，并引发了关于这类题材作品如何写作的思考。回忆录和传记是与历史学最相近的文学写作，写作者必须客观、真实地反映笔下主人公的生活和精神面貌，准确、切实地描绘主人公所处的时代背景，还原历史事实。《我和父亲季羡林》的作者开篇就坦诚说明：“祈愿读者朋友们能更多、更真实地了解我们这个家庭，特别是我的父亲季羡林先生……有理解才有宽容，才能有挚爱，也才能有和谐，才有人和人、家和家、国和国以至于人世间的和谐！”因此我们不难理解，作者秉笔直书，“残忍”的背后包含着一颗挚爱之心，这份爱与真、善、美有关，与写作者的文化“良知”有关。他希望记录“国学大师季羡林”生活中鲜为人知的一面，还原一个血肉丰满的“真人”的形象。

在《我和父亲季羡林》一书中，季承“大逆不道”，摒弃了“粉饰”、“拔高”等某些同类题材作品惯用的写作手法。作为历史的当事人，他以亲历亲见，真实和坦诚地还原一些细水长流的生活场景，真实地记录了一个儿子眼中的父亲，详尽地还原了季羡林先生寄人篱下的童年、激情燃烧的青年、异国他乡爱的失落、不懈的精神追求以及其性格中的仁慈、宽厚还有些许不可忽视的冷漠。作者凝重而又流畅的笔调、自然而朴实的记录中，隐隐有一种悲凉和焦灼难言的疼痛感。正是这份独特的质感，使得当下传记、回忆录写作的人物画廊里少了一个脸谱化、符号化的“完人”，多了一个真实的、血肉充沛的“真人”，这正是该书的一个巨大亮点。把传主放置于社会大环境中、放置于历史的长河中，从准确、真实出发，从文人的良心出发，完成一个“真人”的记录，让后人能从留存的珍贵资料中，理清历史事实，探索和思考主人公其时其地的所思所想、所作所为，了解其可贵、可敬及可评、可点之处，谁敢说这样不是去伪求真，不是一种真善美的追求呢？因此可以说，《我和父亲季羡林》的作者不仅是完成了一部难得的回忆性传记文学著作，更重要的是他担当了“历史的经历者为后人存史”的道德责任，为回忆录写作、传记写作做出了积极贡献。

事实上，一个人所取得的社会公认的显著成就，并不会因其有性格缺陷而贬值。高尔基说，拳头是打不倒真理的。真理就像劳动者的汗水一样，总是有一股强烈的气味。泰戈尔曾说过：“啊，美呀，在爱中找你自己吧，不要到你镜子的谄谀中去找寻。”当我们抡起道德的大棒时需警惕，因为伪善只会让我们更远离真善美。在一个物质生活极度丰富、精神生活相对贫乏的时代，在一个躲避崇高、自甘平庸、物欲膨胀的社会里，人们难免幻想用明星、巨人的光亮来照亮自己，而一些回忆录和传记作品刻意迎合，热衷于制造假象。长期的“甜蜜喂养”养成部分读者的“味觉麻木”，使他们不敢面对有缺点的真人，而只喜欢光环笼罩、被包装成白玉无瑕的假人，好比不喜欢带刺、带露、会枯萎的真花，而是喜欢永不凋谢没有生命香味的塑料花。因此，也就可以理解《我和父亲季羡林》这本书面世后遭遇的尴尬和争议。